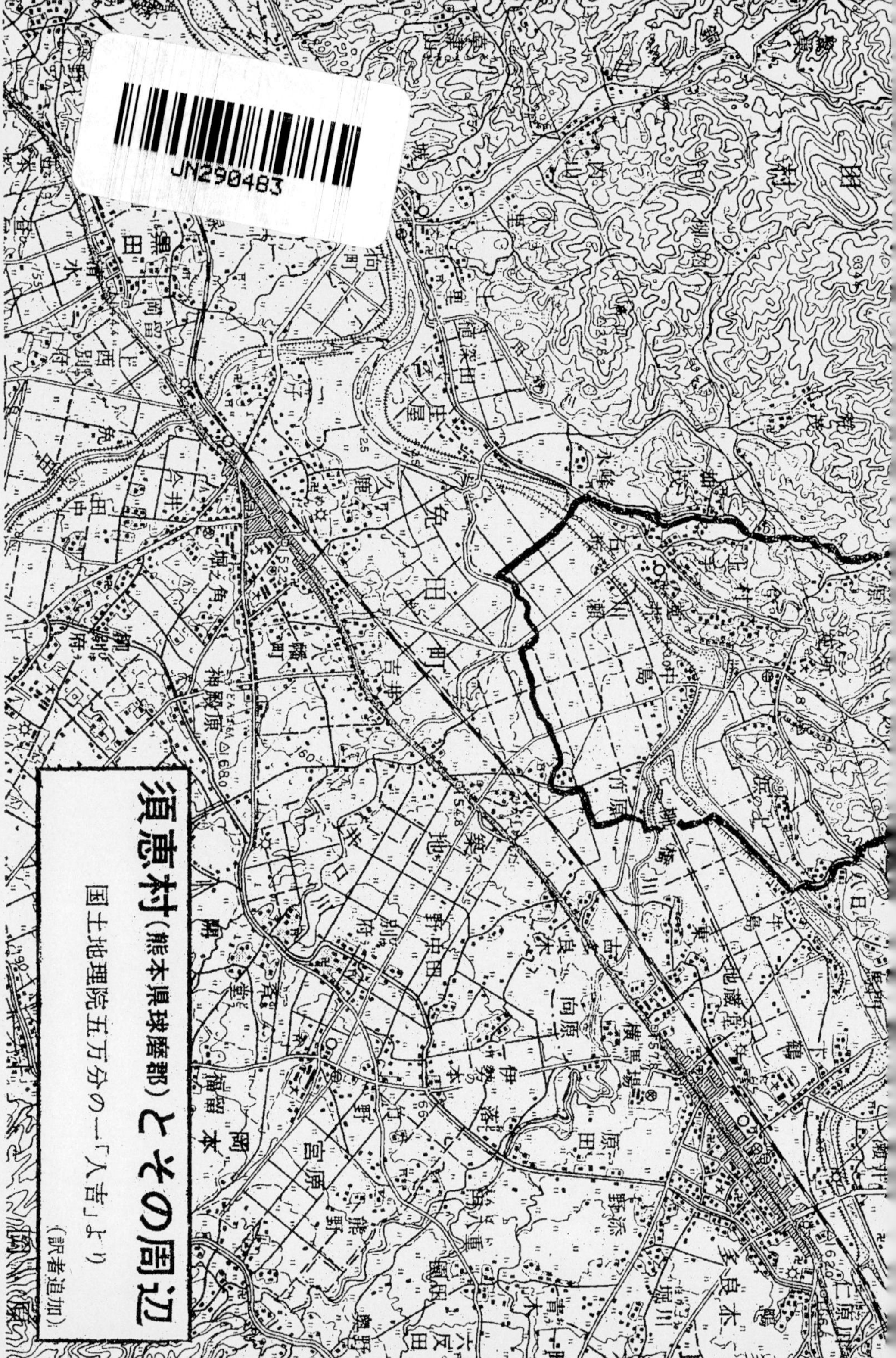

須恵村（熊本県球磨郡）とその周辺

国土地理院五万分の一「人吉」より

（訳者追加）

SUYE MURA A Japanese Village by JOHN F. EMBREE

◉ジョン・F・エンブリー著 ◉植村元覚 訳

日本の村 須恵村

日本経済評論社

SUYE MURA

A JAPANESE VILLAGE

by

JOHN F. EMBREE

BLACK STAR PUBLISHING CO.,

New York, 1939.

稲の収穫

背景には球磨郡をとりまく山々がある。

人力の「とうみ」で，もみがらを吹き分ける家族労働

もみがらの日干し

きびを搗く――母と子供

繭をかけようとする蚕のえりわけ，蚕棚をつくる準備（右の方でつくられている）
戸主とその兄弟が蚕棚をつくり，娘が蚕をとりだす，妻は一番左。他の婦人は近所の手伝い人。

冬季の糸紡ぎ（フォーチュン誌，1936年9月）

梅干し用に紫蘇の葉からの赤い汁の準備——春の作業
前庭の漬けもの容器。塩は使われない回転と石の上の右手の籠の中にある。

お菓子屋（覚井）

豆　腐　屋（覚井）

この婦人が豆腐をつくる。その店は鑵詰，菓子，ビール，下駄等をおく。腰をおろして話をするいい集会場である。

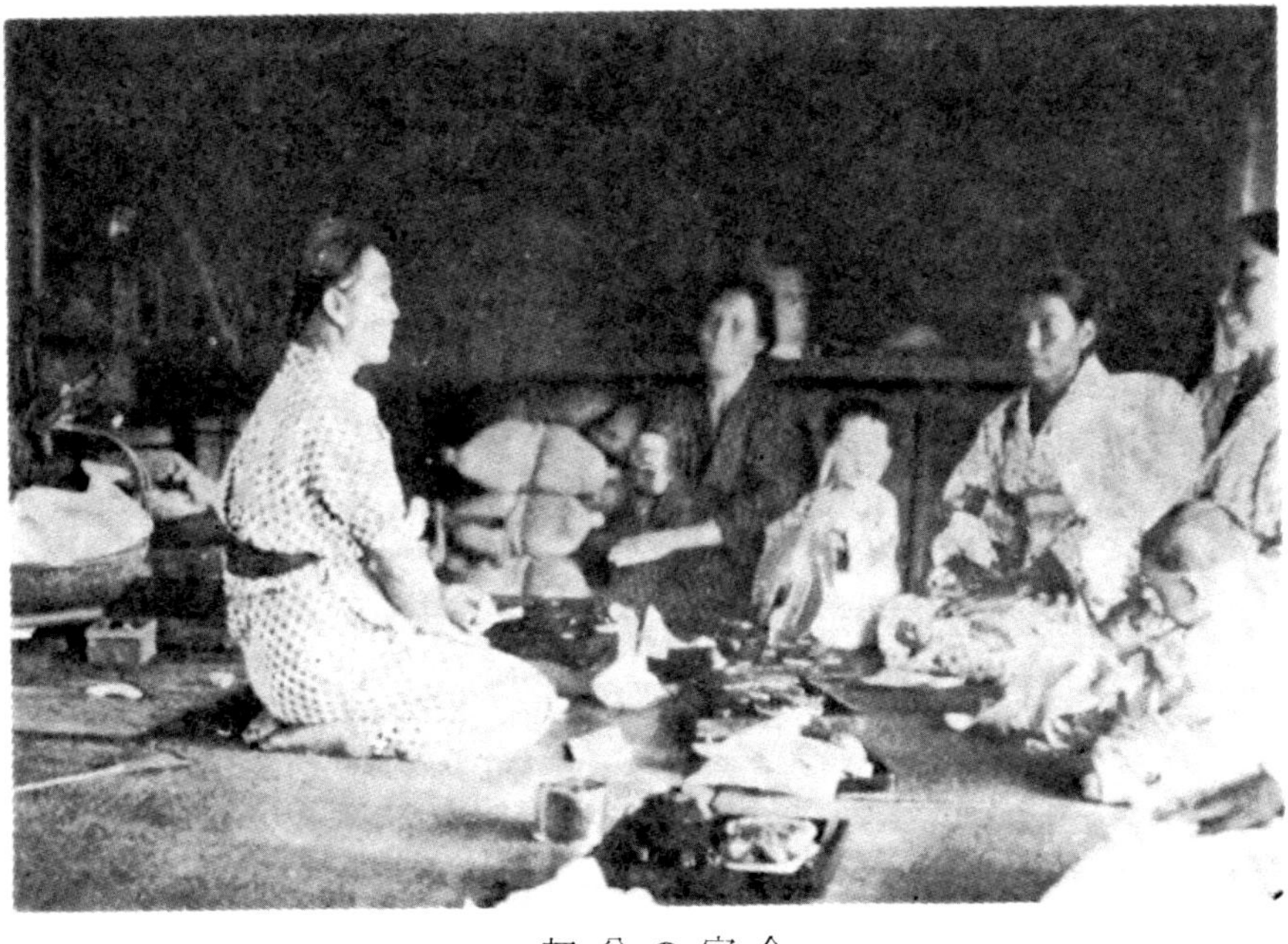

初盆の宴会

女主人が客をもてなす。湯ノ原ではいく分貧しい家。米が背景の土間に貯えてあるのを注意。夏であり，左の炉端は板の覆いがしてある。

部落堂でのシラミとり（覚井）

夏の仕事着の農婦

部落の人の見送り
この場合は著者

盃のやりとり
平山の農民たちは馬力のある精米所を審議するためにきた農業指導員を主客として取り扱っている。

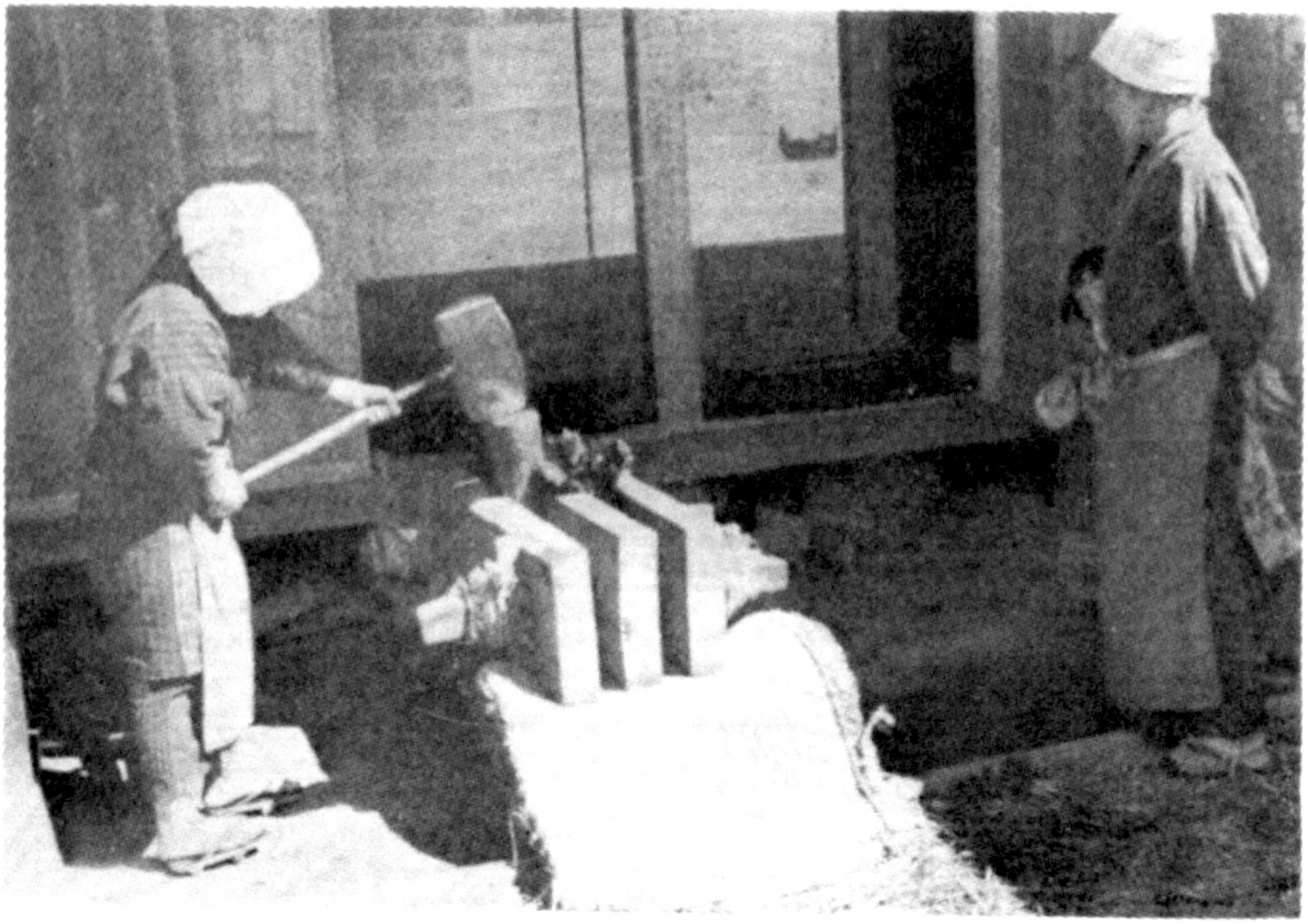

髪油をとる婦人の椿しぼりの組——春の作業
油はくさびの台木の下のたらいに滴る。

ちざし——春，夏，秋の馬の治療

田　植　え

米講についての米の秤量

橋の建設の部落民の協同（今村部落）

球磨郡の村の農会長の会議

弓道クラブ

祭に稲荷神社へ参詣する免田の芸者

校庭のラジオ体操

愛国婦人会

湯ノ原部落のこの婦人たちは，毎年の点呼には愛国婦人会のエプロンを着る。

学校の運動会に身なりを整えた裕福な青年
この青年の下の男は稲荷の祈祷師。右の婦人たちはすべて一つの部落の人。

葬式の準備が終り葬儀の始まる前の間に飲食する部落の手伝い人
下駄は土地にしかれた莚に上る前に取り除けられる。

免田の神社の祭日の参詣
この第一番目の務めの後，ばあさんたちは祭りを楽しむ。

床の間付近のしゅんなめじよ，きびの穂，木の枝につけた餅等すべて
米の俵の上に

亡き霊が安んじて帰れるようお盆の数日前の墓の清掃

観音祭の日の部落の堂

参詣者にはお茶と豆が出される

御正忌の日に深田の真宗の僧侶に野菜や焚木の寄進

これは村の唯一のオート三輪，焼酎工場の所有。野菜と焚木は川瀬部落からの寄進。車の人は本書でふれる愛甲《アイコ》慶寿《ケイスケ》家

神社の祭礼終了後の神社のなおらい

左から右へ：村役場の事務員，助役（酒を飲んでいる），区長，氏子総代，神官，その息子および村長。写真は冬の衣類を示す。

愛甲慶寿家を偲んで——学者、紳士そして酒の鑑定家であり、機械時代のために死んだ須恵村の最初の市民であり、悲劇的な適性の持ち主であった。一九三七年一一月のある夕方、彼はオート三輪に乗って免田町から帰宅のとき、人吉・湯ノ前線の汽車とぶつかった。この日、須恵村はその最初の車の運転者そして最も有為な息子を失った。また本書の著者は日本の最良の友人を失った。

紹　介

日本に関する著作はその数がきわめて多くあり、日本人の生活は種々の観点から分析されている。このうちエンブリー博士の本書はいままでに誰も試みない性質のものであって、日本の農村地域社会の生活を、直接的に実態調査して、記述したものである。その主目的は、社会人類学として知られる人間社会の比較研究に資料を提供することにあった。同時にまた日本文化を新しい角度から見るものものとして、より広範囲におよぶ一般読書者層の関心をも呼び起すものであろう。というわけは、一国の文化は、その文学的、美術的所産によってもしくはその取引の規模によって、あまつさえ軍事的行動によってさえも判断されがちであるけれども、もしも真にこれを理解しようとするならば、文明の基底は一般民衆の日常生活を貫いていることを想起せねばならない。日本の村落では一般の男女がどういうような日常生活を営んでいるかという実態を、エンブリー博士が本書において観察し、記述している。

一般通念として、社会人類学は原始的、野蛮的また未開的とよばれる素朴な社会ばかりを対象として、ずっと進歩した社会に関する研究ならば歴史学者、経済学者、社会学者にすべてゆだねていいとされていた。現に十五年位前までは、社会人類学者の実地調査は未開民族に限られていた風がある。ところが最近シカゴ大学とか、ハーバード大学とかの人類学者はフェイ・クーパー教授、レッド・フィールド教授、それからロイド・ワーナー教授などの指導の下に、シシリー、メキシコ、マサチュセッツ、ミシシッピー、アイルランド、およびケベックに於ける地域社会の重要な実地研究を実施し、一九三五年にはこの種の調査をアジア東部にまで拡張することが決定され、エンブリー博士の日本村落社会の研究がまずこの地域調査の叢書第一巻として成立したのである。

社会人類学として現在知られているものは、一七、八世紀に社会慣行の性質を考察するために、旅行者の未開人種に関する報告を利用しようとしたことに始まる。けれども一九世紀後半に至るまでは決定的な研究は何ひとつなくて、わずかに五、六〇年前にようやくこの学問的名称を得たのに過ぎない。一九世紀中はバスティアンのような少数の例外はあるが、まず自分の学説に関係のある事実をその眼で観察しないで、宣教師や旅行者の報告類に求めたのであった。ところで今世紀の初頭になって、この科学の進歩のためには、どうしても仮説を実証し、問題を解決しなければならない専門的観察者において社会生活の体系的観察をはじめることが何よりも肝要であることが認められるようになった。こうしてその実地調査は、物理学や化学の研究室の実験と全く同一の重要性をもつことになった。

この学問の目的は、人間社会の慣行に関して、正確にして意味のある一般法則をさぐり出すところにあり、しかもその目的を達成するための唯一の方法はかなり異なる社会類型を相当数比較することでなければならない。後進民族の比較的に単純な社会は、ある意味で、学問的対象としてきわめて重要な意味をもつのではあるが、さらにその比較研究は人間社会全域にわたらねばならない。それでより進んだ社会についての必要な知識が別の方法で利用出来ないので、現地調査はここに自らを拡大する必要があるわけである。

まずここで要求されるものは、一定の社会機構の内部に立ち入っての個々の男女、子どもの生活実態に関する知識である。社会慣習の機能が具体的に直接に観察できるのはわずかに個人の日常生活とその相互関係についてだけである。それでどうしても調査のうえで重要なことは、ある社会を数ヶ月にわたって綿密に研究して、社会の細部すべてを吟味出来る程度に十分にきわめることである。

エンブリー博士の著書もそういう一例ではあるが、この連関的調査を指導する仮説、あるいは方法論的基礎は、現在の発展段階において科学的に最も有効な企画としては、社会機構の型の比較論的、細部的考察であるということなのである。この「社会機構」という用語は、ときたま明確な定義もなくて用いられているが、ここでは、個々の人間を結びつけるところの直接的なまた間接的な社会関係の網状の組織をとくにさしている。実証的な人類学の方法は社会機構を個々人の具体的行動において究明することであるし、それには一定の大きさの社会の綿密な研究を必要とする。本書の研究も一つの村に示された日本の社会機構を遠近法をとって描写したものである。

社会の基礎的構造は、近隣関係、血縁関係、また家族関係や性、年齢などによって決められるような個人関係から構成される。日本の村落社会で最も重要な単位はエンブリー博士が「部落」という語で記述するものによって例証される近隣相互のグループであるようである。須恵村でも見られるように、部落の内部組織は選ばれた部落長と各家とは経済的社会的活動の相互扶助や酒宴の懇親会によって結合せられていて、これらは古いむかしから伝承されている。親戚の組織は同一部落や他部落の家々を結びつけていて、すべて日本では、いろいろのかたちの養子縁組の慣習のように、特殊な形態をとっている。これも日本人独自のむかしながらの特質であるようである。

部落は近年、暫くの間にかなり急速な変化をうけつつある強大で複雑な機構の一部をなしている。部落そしてその住民の生活にみられるこの変化の結果とか、反応とかは、エンブリー博士によってものみごとにとらえられ、分析されて第八章に要約されている。抽象的な構造関係において部落はしだいにその相対的な独立性を失っているし、また一集団としての部落および個人としてのその構成員はさらにずっと大きな社会環境に包含されて依存するようになった。道路、鉄道、バス、自転車などによる交通手段の無限の増加。「部落」の組織的、中央集権的「村」への統合。軍隊を通じて表われている国家的統合。全国的な組合組織。神道を通じての天皇崇拝。方言と標準語との置き換え。エンブリーが記述するこれらすべて、あるいはそのほかの変化は、単一の過程の各構成要素をなすものである。

現代の日本での特殊形態としてのこの過程そのものは、その歴史過程において無数に生起し、また今日でも世界を通じて見られる一般的性質の一例である。当然それは不断につづけられる社会進化の姿であろう。小さな地域社会の相対的孤立性、自治性、独立性はすべて単純で後進的な社会の卓越的な特性である。この社会が政治的、経済的、宗教的そのほかの組織によって少しずつ大きな社会構造の中に融合していくのは人間歴史の著しい特性である。社会人類学の主要な課題のひとつは、こういう過程について、その一般的性格を決定するために、考察することである。これは綿密に観察され分析された相当数の具体的な事例の比較研究によってしか達成できない。さらに比較研究をめぐって資料を提供するエンブリー博士のこのモノグラフの学問的価値は社会科学の基礎問題に関心を寄せているひとびとに向かって大いに推薦されねばならないものであろう。

この著書にはさらに、東アジアの文明について知ろうとする人々に対しても学問的価値とともにふかい興味をかぎりなく与えるにちがいない。本書は特に私の心に非常に強く、われわれの誰もが知ることが望ましい地域社会生活の要略的な描写を与えるものである。

A・R・ラドクリフ・ブラウン
オックスフォード・オール・ソール大学

序　文

この著作は、日本の農村生活の総合的な社会的研究を示そうと試みたものである。ここに取上げた須恵《すえ》村が、ほかのどの村よりも日本の田舎をより多く代表しているとはいえないけれども、少なくとも、いろいろの点で代表的である。日本の村落は概していえば、経済を単一の生産物に依存している。このもっとも普遍的な経済的基礎は米、魚、蚕である。さらに、山村は多かれ少なかれ孤立していて、その生計は、木材とか、きのことか山の生産物に依存している。いま問題にする須恵村は、本来は稲作の村で、副業の収入源として養蚕をやっている。日本の農村地区の大部分がそうであるので、先ず代表的なものといっていいであろう。地方では村々に囲まれた五、〇〇〇人ないし一〇、〇〇〇人の人口を有する町が点在している。町は鉄道沿線にあり、商店も多いし、農村に工業生産物や娯楽を供給する。娯楽の主なるものは芸者屋である。これに対して農村は、町に食糧を、芸者屋に女の子を供給する。須恵村は二つの小さい町（免田と多良木）をとりまく村々のひとつであって、こういうところでも日本の村の典型的なものであろう。

日本の村落社会の主要形態は、日本全国どこでもきわめて似通っている。協同作業、労働の交換や季節に密接に関係する宗教的祭礼の行事など。けれども他方では各地方ごとに、もっと細かく各郡でさえも独自の言語や慣習がある。たとえば、淫猥な歌は一般に村の祭礼にはつきものであるが、その特殊な言い廻しや性の象徴は地域によって変っている。須恵村の基本的形式は日本の農村に通じているものであるが、細部の項目ではたしかに球磨郡にだけ特色づけられているものがある。

農村社会は未開社会の多くの特徴、たとえば親密な地方的な集団、強靱な血族的紐帯、神聖化された環境を崇める定期的な集会などをもっている。ところが他方では、単純な社会と違うさまざまの重要な点、つまり、小さな農民の集団は、その経済生活を統御して上から法令を強制し、とくに最近は愛国的な学校教育を要求する、より大きな国家の一部をなしているのである。生活の経済的基礎は地方的な要請ばかりによって決定されるのでなく、農業指導員の手で国家からも決定され、農民の収穫物は、国家の必需品とせられている。宗教とか儀式とかにおいても、各種の外部的影響があって、儀式と社会的価値と、また祭礼と農業季節との間の相互関係を複雑化している。また地域的な差異は多いにちがいないとしても、儀式や祭礼はこの村落社会に固有のものではないし、社会も精神的に自立の状態にあるのではない。これらの特性があるために、須恵村をもって純粋に自給自足的な未開社会にくらべられるものとすることはできない。

今回の研究は、A・R・ラドクリフ・ブラウン教授指揮のもとに、シカゴ大学社会科学科が行う東アジアの社会類型の大規模な調査の一環をなすものである。最近のアジアにおける戦争や、ラドクリフ教授がオックスフォード大学の人類学講座に就任されたので、この大計画の遂行は妨げられそうになっていた。

このような研究はいかにして、また何故にこの村が選び出されたか、それに著者はいかなる資格でもってこの研究を企てたのかを明らかにしておく必要がある。私も妻もこの報告書の基礎となっている調査を企てるまえに数回にわたって日本に滞在したことがある。実地調査それ自体は、一年半（一九三五年八月～一九三六年一二月）にわたって続けられ、しかもシカゴ大学社会科学調査委員会の許可によって可能となった。一九三五年一一月から一九三六年一一月にわたる期間は須恵村で過した。この研究の前年一年間は、シカゴ大学人類学科に私は籍を置いていた。私の日本語の知識は断片的なものであるが、私の妻は堪能に話せるのである。

日本へ着くと、私は外務省関係のお歴々を訪問して研究の目的を説明し、研究遂行の黙認を得た。私はまた東京大学及び早稲田大学の教授数氏を訪問して助言や知識を得た。こののち研究に適当な資料を集めるために二十一の村を訪ね、最後に選び出された村において調査の見通しを得たのである（英文で書かれた日本の村落の社会調査は出版されていなかった）。短期間の予備的訪問で、与えられた村について多くのことを決定することは不可能であるけれども、この須恵村は次の理由で選び出された。

(1)　比較的小さな村で、二人で調査するのには適当である。

(2) 日本の村落社会の一般的傾向からとくに区別されるような著しい特長がない。大都市に近づき過ぎていなく、また模範村《モデル》でもない。つまり日本に例が多いが、政府の監督指導のもとに有力な農業センターに再編されつつある村でもない。稲作の村であって、とくに裕福でも貧困でもない。

(3) 須恵村は軍事地帯から遠く離れていて、われわれの仕事が軍の不当な疑惑を受けなかった。日本に於ける外国人の実地調査にはこれを考慮に入れることが肝要である。

(4) 熊本では木村教授、小島氏から村の紹介を受けたこと。須恵村においては村長の守永氏にひとしお親切にしていただき、また村で唯一人の大学卒業者であるその甥の愛甲慶寿家氏には暖かい理解ある友人になってもらった。本書はその後死去された故愛甲氏に捧げられている。

この機会に私は東京大学の那須浩教授、柳田国男氏、早稲田大学の小田内通敏教授にたいし深甚の感謝の念をささげたい。とりわけこの方々から多くの価値ある教示やさまざまな助言をいただいた。また那須教授の元の助手で今では教授になっていられる大川氏からは大変な手助けを受け、私を数ヶ所に案内していただいた。また岐阜大学農学部の鈴木栄太郎教授は今回の研究の最初にいろいろ価値ある御指示と助言を下さった。鈴木教授から私は日本にみられる各種の村落の型について教えられることが多かった。また九州大学の木村修三教授にもお礼を申したい。九州の三つの村に私と同道してくださり、たびたび私の真の意図を疑う官憲に対し研究の目的を説明して下さった。熊本県庁の小島氏からもまたこの点で大きな援助をうけている。その上愉快な友人になって下さってとてもほかの方法では知ることが出来なかった種々の町の生活の面を紹介してもらった。かような知識は村落生活とその都市との顕著な対照を理解するのに大いに役立った。しかもとくに予備的調査旅行のあいだに接した村や県のいろいろの方々は例外なく極めて好意的であったし、私を助けるために割いて頂いた多くの時間やお骨折に対しては感謝し切れないくらいである。

この研究の完成に今一つ大きな要因をなしたのは通訳、飜訳者として行動を共にしてくれた東京外語卒業の佐野敏夫氏の援助であった。講演や村の記録のつらい飜訳や、昼夜にわたる彼の御尽力に私は深く感謝している。

しかしながらこれらの官吏、教授諸氏にもまして感謝するのは須恵村の人たちである。二人の外国人を丁寧至極に受入れて下さって、妻と私の両人ともかぎりない暖かい友情に結ばれた。国際的友愛のなかで、一九三五年から三六年に至る須恵村の酒宴ほど深いものはないでろう。

須恵村の生活に関する報告を書くにあたって、私はシカゴ大学人類学科の諸氏の助言と忠告とに対し、ことにフェイ・クーパー・コール、ロバート・レッドフィールド、及びラドクリフ・ブラウン諸教授に対して感謝の意を表したい。この著作になにかよい点があるとすればそれはラドクリフ・ブラウン教授のお蔭である。なぜなら、教授は私に社会の法則を探し出す事について非常に多くの訓練を与えて下さった。けれどもなにか失策があってもその責は教授が負うべきではない。なぜというなら教授が殆んど何の拘束もなしに一旦私を現地に送り出すと、何を発見し、それを如何にして見いだすかについては如何なる拘束も設けなかったからである。

ハワイ大学の調査委員としての私の時間の一部は、出版のための原稿完成のために費やされた。私は同大学人類学科のキージング博士が、親切にもこの機会を与えて下さったことに謝意を捧げたい。私は、また表紙の須恵村という文字の転写をし、また民謡の飜訳に助力して下さった上原郁夫氏にも感謝しなければならない。また私のこの原稿を綿密に読んでくれた私の同僚ゴードン・T・ポールズ博士にも御礼を述べたい。なお本書の写真は、フォーチュン誌に最初掲載されたものも含めて、すべてエラ・エンブリーならびに私の撮影になるものである。

ジョン・F・エンブリー

目次

第一章　歴史的背景

現代の日本の農村生活とそれがこれまでたどってきた変貌について記述しはじめる前に、日本の近世史、とくに明治維新の社会的経済的大変革以前の状態をいくらかのべておく必要があろう。歴史的背景というものは、時代を異にする研究のひとつの本質的部分をなすものであると考えられるからである。

明治以前の二百年余におよぶ徳川封建制度のあいだは、武力政治が国内平和を維持していたが、前支配者との最初の戦争後、その主目標はさらに封建的武力的政治形態を厳粛に発展させようとし、またそれが微動もしないことをもって建て前とするものであった。京都には国家の名ばかりの元首である天皇が朝廷を保っていたが、江戸では徳川幕府が実際の政治面を担当していた。国家組織は、それぞれ自己の領土に課税権を含めて絶対的司法権を掌握した領主が支配する各々の封建領土に分かれ、徳川将軍家そのものも事実上そういう最大の領地、したがって最大の富と権力を持つ大名のうちの最も優勢なものにすぎないのであった。それで大抵のより小さな諸大名たちはただ人民統治の方法をこれに習うのであった。けれども革命防止策として諸大名に参勤交代制が布かれていた。人民の大多数はそれぞれの地方の封建領主に租税を支払う農民であり、彼等はこの領主に忠誠を尽す義務をもった武士階層によって支配されていた。

国家の封建的首長である将軍は官僚の幕府をもっているが、これは時に施政の運営に欠点を包蔵した。即ち、その一つの特色は自らイニシアチブをとるのを阻むところにあった。幕府の上級機関は二重に仕組まれ、しかもその機能が個人でなくて合議制によって果たされていくために、責任の所在は個人に負わされないで他人に転嫁された。幕府の政治は老中が職務を交代する順番制によったので、とかく円滑を欠き、どうしてもそれは運営のうえで混乱し遅延しがちであった。この組織そのままが地方農村の組織単位をなす「五人組」や他の「組」に相い通じていた。一個人による権力の独占をいましめるのに必要であるとしてなされたのである。こういう政治の様相は、今日にいたるまで農村地区においても地方的な民間の作業には、分割され且つ交代される当番制度の同様な特色が見い出されるのであって現在にも意味があるわけである。

政治は本来幾多の道徳律をもった儒教的原理①によって一部規整されていて、学者も身分制度の不変更を墨守する目的のもとに、実際的原理よりも倫理的原理をもって、政治問題、経済問題を解明することが要請された。上級者への忠誠と、子としての親孝行とについての徳目は常に強調された。農民は勉励を、武士は節約を勧告された。「一般民衆は命令されることを、何故かと疑問を抱かずにただちに実践しなければならないというのが儒教の教理であった。日本の支配者は政府の命令を国民の前に説明するようなことはなかった。[2]」これはまた農民をして「おかみ」からの事にすべて追随するという随順の態度を取らせるようになり、現在も根強く存続しているのである。

大名の収入は領地の農民から徴収せられた地代――普通には各農民の米の収穫量の約半分にも当っているもの――から成立し、その一部は武士や家来に分配された。藩から藩への旅行は阻まれ、藩を通過するには旅券が必要であった。藩は自給自足の単位を保持しようとし、その生産物の自由な交易とか、隠密の侵入は許しがたいものであった。幕府は江戸を攻撃から守るために、江戸へ通ずる道路や橋梁を慎重に制限した。封建諸侯は、時に通行税をとるために国境に関所を設けた。貴族、領主のもとには階級としての厳重な秩序があって士農工商の身分制が定められてあり、各々には職業の選択、被服の形式が幕府の制定した規則の諸々の型によって区別されていた。

宗教はそれが政治活動をさしひかえる限りは、放任された。強大な真宗派にはその伸張していく勢力を押えるために、東本願寺と西本願寺との二派に分裂された。江戸時代まで仏教はなお支配的宗教であり、日本固有の神道を光被しつつ、時には同化さえしたのであった。しかし真宗は分裂した後は不活発になり、著名な僧侶や宗教改革家は江戸時代には現われなかった。[3]武士は禅を修め、茶の湯と同様に禅の形式的部面を発展せしめた。キリスト教は九州の数ケ所に伝導の足場を獲得していたが、すでに幕府の初期には異国人放逐に連関して無惨な圧迫を強いられていた。キリスト教の伝導に続いて諸外国との政治上の紛擾および侵入の可能性を為政者が恐れたからである。その孤立政策の他の特徴は海外渡航船の建造禁止および海外渡航そのものの防遏また異国人の入国禁止等の鎖国政策として表われた。④

徳川時代には商人階級は種々の障害にもめげず、次第に国内通運と交易とを増大させながら勢力を蓄えていった。商人は組合を結成し、営業の独占を獲得した。通常の交換手段である米は、徳川初期にはもはや商取引として嵩だかで不便とせられ、貨幣が商人階級のあいだで一般的に使用されるようになった。けれども武士は依然として収入の実際を米で受けており、こういう変化に対して貨幣はいやしいものとしてしりぞけられていた。商人階級の多くは米の仲買いと投機に従事し、この結果として現われた米価の激しい変動は、農民と、米を収入源とする武士との両階級を著しく困窮化させていた。地主の立場において最後のものを米に依存する封建諸侯も徳川家を含めて、これらの経済的変動を免れることはできなかった。この初期の米仲買い人は、農村地区に見られる近代的仲介業者の先駆をなすものであった。いうまでもなく農民からは好感情をもって見られなかった。

農民は、貨幣経済が進展してきて、以前には米と物々交換していた物品も、これを得るためにはもはや貨幣が必要となってくるにつれて難儀し、負債を生ずるにいたった。農業生産の発展のために肥料、農器具、馬、衣類等は銀で購入することを余儀なくさせられ、購買力は目にみえて減少した。封建領主は租税を自己の都合好いような勝手な割合に決め、米の代りに金納を強制したりした。ついには農民は過重な負担を避けるため農地を見捨てて村を離れ、また堕胎、殺児が公然と行われた。幕府は米価統制を試みたが、効果はなかった。堕胎禁止の法令が出たが、経済的必然は引続き子や親の愛よりも一層強固であった。特に財政窮迫した領主の圧力が増加した結果、ときどき百姓一揆がおこったが、それはしばしば無残に圧し潰された。

農民の困窮は多くの場合その土地を債権者に売り渡すか、質流れとなるようになり、ついにその結果は耕作しない土地をもつ地主層と、所有しない土地を耕作する小作層の二階級が成立したことは注目にあたいする。これは封建領主と小作人の利害の衝突を惹きおこし、奇妙な矛盾を発生させた。たとえば地主はその小作農が米を作りすぎると、課税は生産高に比例して増加するので余計だと非難し、もしその生産高が少なければ、今度は小作人は自らの生存のための余剰物がないといって抗議する。小作の闘争は一八、九世紀を通じて継続し、日本の各地では最近まで頻発した。⑤

畢竟、幕府は国家にとって農業の重要性をもつことを認識し、その改良策を計ったけれども、農民の福祉には殆ど思い致すところがなかった。⑥農民とは愚鈍なもの、単に米の生産者としてだけしか存在理由がないものとされ、そのほか何の価値もみられないものであった。

ところがこの時に都市では民衆の芝居――「歌舞伎」――が操り人形、浮世絵芸術と同様に発達した。三味線が拡まり、色街が繁栄した。貨幣を蓄積した商人は、芝居や芸術と共に一面湯女や遊女の「夢の世界」の主な保護者の役割りを演じた。民衆の奢侈とその浮華、卑猥の愛好心が著しくなったので、幕府は抑圧の法を出したが、都市の遊びは量と種類において増加の一途を辿っていた。

幕府は命令によって経済力を統制せんと試みるとき、また武士と農民の困窮をよそに都市で商人が富を享楽するとき明治維新へ導く最も有力な唯一の要素は、純粋な農業経済から重商主義への変化であったことは明らかである。幕府の鎖国政策は国家の何よりの安定を期して、その最初から長崎の出島を除いてすべて外国貿易及び外国人を禁止したので、ヨーロッパからの新思想の導入が拒まれた。しかし国内においては、少しばかりの研究の自由が許されていて、学者達が次第に天皇は政治上の真正の元首であり、「将軍」は単なる権力の僭取者にすぎない、という考えを悟り且つ推し広めたのは、この小さな間隙を通じてであった。日本固有の神道思想は、仏教の威信が地に落ちたものと自ら感ぜしめるものであった。

一八五三年、日本の鎖国の扉を武力をもって叩いた白人の来訪は、重商主義の成長と、封建領主は天皇の神的権力の僭取者であるとの知識層の信念の昂揚とによって、すでに弱体化されていた封建制度に対して、さらにひとつの緊張を附け加えることになった。

一八六七――六八年、徳川幕府はついに終焉を告げた。幕府の軍隊と天皇の軍隊との武力衝突は、幕府軍の敗北に帰して封建制度は崩壊し、君主政治が復活した。翌年から多くの重大な変革が行われた。即ち

一八六八年

神仏混交は廃棄され両者は別個であると宣言。「将軍」の滅亡に部分的に寄与した同じ研究は、同時

に仏教さえ外来のものであり、神道の位置を奪取してきたことを明確にした。神道の形式は国家祭式とされた。

一八六八――六九年

封建領主が閉鎖していた道路は自由取引のために開放され、領地間の交易、交通の制限は解除された。

一八六九年

士農工商の四階級の平等が宣言された。商人は士農の下にあったが、以前からより強大な実際上の勢力を保持していた。

一八六九年

始めて電信が設置され、新聞が印刷された。

一八七〇年

初めて東京に小学校が開設され、数年を経ないで田舎に及んだ。義務教育は一八七二年に始まった。また予防注射が奨励された。以前相当に広まっていた天然痘は以後事実上消滅した。

一八七一年

郵便制度の設立。男子の頭髪は自由にかることが許され、被服の社会的差別は廃止された。これは平等感に偉大な影響を与えた。栽培作物の選択が自由となった。

一八七二年

日曜は法律上の休日となる。商取引および職業の選択は自由であると宣言された。

一八七三年

西洋の太陽暦を採用し、徴兵法が可決した。「この法の精神は一朝非常の際はすべての男子は兵役に服し、事変終了後ふたたび農夫になるという往時の屯田兵政策にその淵源をもっていたが、この時の形態は西洋の方式に基づいたものであった。⑦」

一八七四年

政党の結成。福沢諭吉の演説会開始。⑧以来政府は社会教育のひとつとしてこれを認め、新聞を読まない農民大衆も、村の学校や講堂に定期的に集まり、巡回してくる役人から、農業の新様式とか愛国心とか道徳について二、三時間の講話を聞かされた。

一八七七年

西郷隆盛の叛乱。南九州の藩摩の西郷は、朝鮮に対する政府の平和的態度に不満をいだいて政府に反抗した。新たに編成された平民の徴集兵は始めての試練を受けて勝利を得た。西郷は熊本で敗北した。これは旧封建領主と武士の側における最後の反革命的運動であった。

以後鉄道が建設され、ガスエンジンや電気が輸入された。これに加えて国内の法律も変わった。その主な動機は、日本が西洋諸国と不平等な条約を締結し、出来る限り早く改訂させることを望んでいたからである。これらの条約と優れた西洋機械文化によって生じた劣等感は、年々高まりつつあった毒性のある国家主義を発生させた。

以上のような急激な変化にも拘らず、いくつかの重要な生活面の特徴は、尚変わらないままに残存し続けていた。せいぜい、単に形態だけを新たにして現われたのに過ぎないのであった。その若干の例に次のものがある。

1　治安状態について報告する国内中にはりめぐらされた諜報組織。

2　法典は不動のものと考えられているが、支配的勢力を妨害しようとする言論、著述を含めての活動様式をば、或る法令によって粉砕すると解釈することができた。さらに法典に加えて勅令が時折発せられた（そして今も）。これは天皇の名で発布されるが、大抵は天皇自らでなく有力な団体によってつくられていた。

3　実際の政治家としての軍人の存続――尤もしばらくは無かったが。

4　人々をその地位に留め、戦時には天皇に（封建領主に代わって）忠誠を尽すように目ざされた教育。

胡適教授は西洋文明に対する日本の「文化的反応」については、あたかも支那の「分散的同化」反応に対立して集中的統制のものとして、これに言及している。即ち、

「近代化の七〇年の間に日本に起こった事柄は「集中的統制」(centralized control) の型ともいえる特

殊なものであった。この例外的な環境において初めて国家的変革の大業が順序よく効果ある進行を得られた。その長所は明確であるが重要な欠点も無いわけでない。この急激な大変革を早く企図した指導者は、先見の明ある人でも、西洋文明の外面的情勢を知るだけであった。他の多くの特長に気付かずまた、国家的遺産の保存と皇室の人民掌握の強化にかられて、新しい文明の滲透から日本の伝統的な要素を注意深く守った。この著明な事例のひとつは、神道の国家的援助と保護であり、政府における軍人階級の超憲法的権力は今ひとつの妥協の例である。要するに日本における激烈な文化の変形は余りにも急速にまた余りにも早期に成されたので、新思想とその影響が旧来の制度に滲透し、より完全な文化的整理を成す十分な余裕がなかった。すべての過程は伝統的な日本の幹に外国文化を接木するという形で身につけられた。中世的伝統的な文化の多くは、軍国的な近代性の強い殻によって不自然に保護されている。保存されている多くのものは、美しいもの、永遠に価値あるものであるが、その少ないものは原始的であり、火山的爆発の容易ならぬ危険を妊んでいる。[9]」

明治維新以来、日本は海外に発展し大国の一つになった。その間にも村落共同体は首都や他の地方都市における上述の変化の中にあって著しい安定性を保持してきた。それでこれらの村落共同体のひとつ、須恵村において、今日見ることのできるままの社会について、また地方的社会組織に起こりつつある変化について、以下のべるであろう。

① 日本の儒教は朱熹（一二〇〇年没）によって忠誠をとくに強調し、「天子」のもとに統一される国家の理想をかかげて解明されたものである。(Hu Shih, The Chinese Renaissance〔Chicago, 1934〕, p. 18)

② G. B. Sansom, Japan, A Short Cultural History (New York, 1931), p. 451.

③ 現在の農村地区における仏教信仰は書籍にみられるような形式の仏教からははるかに離れている。支配的な宗派である真宗は、釈迦如来の教儀とかなり異なった阿弥陀教という日本特有の形態である。

④ この禁止令は日本が、ちょうどエリザベス時代の英国のように、マニラ、ジャワ、シャムに漂泊者や移住者が住んでいて拡大を為し始めたときに施行された。これらの成長し拡大しつつあった日本の前衛は、すべて徳川幕府の鎖国政策が実行された後は次第に消滅した。この一六三三年の幕府の慎重な政策が無かったならば日本の所有に帰したにちがいない、植民帝国について考察することは興味あることである。(Y. Takekoshi, The Economic Accepts of the History of the Civilization of Japan.〔London, 1930〕, chap. XXXIV).

⑤ Sansom, op. cit., p. 509

⑥ Ibid., p. 457

⑦ Inazo Nitobe et al., Western Influences in Modern Japan (Chicago, 1934), p. 384.

⑧ 福沢諭吉の自叙伝は、この転換期の生活の優れた洞察を示している。進歩的な革新的議論のほかに彼はまた日本で最初の新聞と大学（慶応）をつくった。

⑨ Op. cit., pp. 23〜24.

第二章　村落の構造

1　地理的位置

東京から須恵《すえ》村へ行くには、午後三時発の下関行の急行に乗る。車窓からの展望はまことに美しい田園風景の連続である。もしこの旅行が春であれば、田植えの風景が、秋とすれば、稲を刈りとっている男女の農民の群が見られる。汽車が広島・山口県と通過していくにつれてしだいに農家の建築構造が変わっていき、稲の積み重ね方も、農民がかぶる麦わら帽子の型さえも、地方的に変わっている。日本が小さい人口稠密な国であるという事実は、集落間の距離が短かく、道路は古いものでいたんでおり、未開墾地が無いことに反映している……。①

これらのことを見ようと気を配る人々には、他の指標がある。

道路は、いつも狭く、また大部分は森林か河川のふちにある。

わらは、土壌から離れて柴の木の橋の上にたわねてあり、樹木は神社でのみ成長しているが、野原では成長していない。

平野全体は、尾根がなく、水面に広がっている。そこは堤防を除いて歩行する余地もない。電柱の基の緑の雑草もあるいは未開墾地の片すみさえも存在しない。

山村には月光の下に人がいて、稲田の冬の積雪を消し春の日の準備をする。森林の根もとは、きれいに掃かれ、清掃は注意深い大切な掃き集めをつくっていく。

犬のいない家もあり、草を食む家畜のいない農場もある……。

日本に火山があるが、火山の荒れ地については処置されていない。他のどこか即ち、その耕地の彼らの労働形態からも、稲田の水の中の彼らの糞の臭さからも逃避できない。

東京から下関まで汽車で十六時間かかる。門司の海峡を横切り、そこから再び八代まで鉄道でさらに八時間かかる。途中、列車は福岡の工業地帯を通過する。ここの近くの八幡は巨大な軍需品センターであって、外国人は足をふみ入れない。福岡の南に熊本市があり、米の中心地として第一に重要であり、この県は日本でも最良の米を生産する中心地である。熊本はまた古い封建領主、そして反キリスト教で有名な加藤清正の城下町であった。

八代は、熊本の南二時間の小都市である。ここで列車を乗りかえ、人吉行きの列車に一時間待ちあわせる。この時間は多くの旅行者は大きな手荷物をまとめてすわっており、母親は赤ん坊に乳を飲ませながら辛抱強く坐っている。若干の冒険的な旅行者は、町に出かけて小さい食堂で酒かビールを飲みながら時間を過ごす。そこは通り過ぎの客に食事をだすがサービスは悪く、ウェートレスは決して美人ではない。八代における不便な待合せは、人吉への二時間の旅の豪しゃな景色で補われない。列車はこの地方の深い峡谷をなしている球磨川のふちにそって走る。この川の流れの速さは、日本中でも有名であり、東京から人吉へ夏に単に川下りの目的のためにくる旅客もある。ときどき列車は、峡谷の起伏の多い側と逆巻く激流のあいだに危かしく位置する小さな部落を通る。これらの村の人々は、木材を伐採しながら生計の不足を補っている。午後五時ごろ球磨郡の中心の人吉に着く。人吉は人口約一万の町（現在は市制を布いている―訳者註）で、熊本から南へ五十四マイル、東京から鉄道で八六スマイルの距離にある。若干の貧弱な温泉と小さいホテルがある。

須恵村に行くには、村への直通のバスか近くの町の免田《めんだ》か多羅木《たらき》行きの汽車の便を選べる。汽車は安いが、駅から村まで三十分ほど歩かねばならない。

汽車は人吉盆地の中央部を走って上るが、バスは半ばは平野、半ばは山に横たわる数多くの村々を通り北の端にそうて走る。四十五分十二マイルで、バス路線の終点に着くが、そこが須恵村の小さな覚井部落である②。

ここにはホテルも食堂もない。バスを降りた人はここの住民か、あるいは彼を迎える友人の家をもつひとである。六時ごろであり、つかれた旅行者は焼酎を飲み、漬け物と御飯の夕食をとり、そして熱いお風呂でくつろぎを楽しむ。

九州は日本の歴史ではすでに早くから名を顕わしている。神武天皇は大和朝廷の成立前ここに活動を開始し、朝鮮との長い変化に富む関係は、九州の西海岸を経て行われた。近世ヨーロッパ人との外国貿易の始まったのは九州の諸港、そのうちでも長崎は主であり、また明治維新には新秩序に対する最後の戦いをしたのは南九州の西郷隆盛であった。他方、九州は京都、東京等の首府からは遠い田舎地として考えられてき、現在もそうみられている。しかも常に国家に貢献した優秀な人物を数多く輩出させた所とされている。ところで熊本県は、この九州中央部に位置し、県の南端部の球磨《くま》地方は十分に開拓された山々に取り囲まれ、球磨川の流水によってできた氾濫原である。球磨川は六、〇〇〇フィートの市房山に源を発し、この地方を貫流して八代を通って海に注いでいる。ちょうど十五年前鉄道が敷設されるまでは、米の主要な移送手段は、この川を利用して八代へ、さらにここから熊本市その他に送られていた。

この地方は三〇〇年間、相良《さがら》藩主の支配下にあって、日本の主要な時代的変化から、長いあいだ離れていた。即ち、アジア大陸と交渉のあった博多港から、一二五哩も距離があり、また外国貿易やキリスト教の直接の影響を大いに感じる交通路からも、はるかに遠のいていた。

相良藩は、僅かに一万八千石の小藩にすぎなかったが、すぐ北側の五十二万石の加藤藩は、その強大な富にも拘らず、一度も相良藩の征服に成功しなかった。ちょうど北の方の肥後と、南の方の薩摩藩の二大有力藩の中間にあって、たしかに緩衝国の役割を演じたとみられる。鉄道がはじめて敷設されたのは、この山に囲まれた狭い球磨の実用的利益を考慮してよりは、むしろ軍事的必要の為になされたのに外ならないのであって、同時にそれが中央への非常な接近をもたらしたのであった。この結果は、今日のところ少なくとも表面的には、この地方が他の農村地方にくらべて、取り立てていう程の相違はみられない。農耕や学校の授業は、農業指導や教育の国家的体制に従って、他の地方と大いに似ている。けれども古い時代の感覚をもった特徴的言葉や、社会形態が保存されていて、どうかすると大都市の近郊農村とは十年ないし十五年ぐらいおくれているようである。

球磨地方の気候は初霜は十月の終りか十一月の始め、晩霜は四月で、十二月から三月までは寒いが、雪が一度に二、三インチも積ることは、めったにない。秋の夜は霧が深く谷間にたちこめ、朝の空気を冷くするが十時か十一時までには日が当って暖くなる。それで気温が華氏二〇度より下ることも殆んどない。暑いのは七月、八月であるが、一〇〇度を越すことも余りない。寒い冬の季節には村人は着物を何枚も着ぶくれて、戸外に焚火して集まる。暖かくなると一枚一枚脱ぎすて、夏には男も女も腰まで半裸となる。

球磨のひとびとは人種的には混合している。歴史的にみると多くの朝鮮人が九州にやってきたし、また伝説によれば、毛深い熊襲が原住民である。実際、顔・胸・腕・脚の毛深い人がいる。また一方には毛の少ない人もいる。髪の毛は種々、真直なものからたまには縮れ毛のものがいるが、大部分の村民は少しずつ縮れ毛である。

言語は球磨の方言も話されるが、学校では標準語が教えられている。数多くの外来語——都会に比べればその割合は少ないけれども——は日常の言葉になりきっており、大抵の人は、外来語であるとは知らない。市河三喜教授の示す東京に使われる外来語の表については、約十五％が須恵村で見い出される。東京で使用される外来語、例えばココア、アップル・パイ等はこの片田舎では知られていない。[3]

多くの古語はこの地に見い出される他の生活部門の旧態依然としたものと同じ範囲である。京都で五百年前或いは千年前に使われていた言葉が、百年前にこの球磨地方へ伝ってきたともいわれている。

2　須恵村と近隣の町

いま問題にしている須恵村は球磨郡の十九の村のうちの一つとして、その東部地区に位置している。村の南部は球磨川流域の平坦な水田地帯であり、北部は他の郡と山で境界をなし、東と西は同様な性格の村に接続している。[4] 村の多くの面積は山と森になっている。村の面積は六・五平方哩、人口は一六六三、戸数は二八五である。球磨の地名には、多良木（多くの良い木材）、深田（深い水田）のように意味の分かり易いものが多いけれども、須恵村の地名はその意味と成立の年代および由来は不明であり、球磨の歴史にも重要な役割を演じてこなかったようである。村民はそんな事にはかかわりなく、自分の村に十分満足している。近年になって深田、免田の隣接町村との合併問題が起こったときは反対して郷土愛を表明した。（もっとも相手方が余りにも権力的強制に出なかったのならば、あるいは何らかの方法があったと村民は語っている。）

須恵村の近くに小さい二つの町、つまり多良木《たらぎ》（人口は町部の五〇〇〇と部落の方の約二〇〇〇）と免田《めんだ》（人口約五〇〇〇）とがあって、鉄道の敷設以後急に人口が増加した。須恵村のひとびとにとっては、ここで農器具、衣類、台所用品、履き物、贈答品等を直接買入れまた燃料や野菜を持って売りに行く。飲食店、遊廓街もあり、町の周囲の村から農産物を買い、代わりに雑貨品、道具、金物を売り、その間の利潤を稼いで、市場町的機能を果たしている。人吉《ひとよし》——湯《ゆ》の前《まえ》間のバスは朝の七時から晩の七時まで三十分毎にこの町を通過する。しかし須恵村からは此処へは徒歩によるよりほかはない。町から村の各部落へ魚売りの行商人が二人毎日やって来るし、台所用品売りや他の行商人が毎月廻ってくる。

免田は実際は小さな町で球磨郡唯一の農学校があり、須恵村の郵便物の集配は、この町の区域に入っている。商店も多いし、須恵村の西半分はここと取引する。多良木は一九二五年に町制を布いた。人口は免田より少し大きいが、この大きい部分は須恵村のように農村の部落があるからである。高等女学校がある。須恵村の東部の部落はここと取引する。人吉には郡唯一の中学校に女学校、簡易裁判所がある。

3　村と部落

村⑤は普通、農家の集合したものを指すのではなく、むしろ地理的および社会的にそれ自体の小さい機構に結合される若干の農家の塊から成立する。この別々の社会的単位が部落と称せられ、これらは共通の村長、役場、村社、[6]そして時には共通の小学校と農業委員によって結合されている。明治維新以前、日本には七万の村があったが、現在一万にも達しない。これは二、三ヶ村が行政的目的で合併させられたからである。村は今日では自治的、自立的となったので、より大きな経済資源を有する広い地理的単位であることが要請される。かくて昔の「村」は新たな大きい政治的単位の中に含まれて「大字《おおあざ》」と呼ばれた。各大字は役場、村長、村社、農業委員会及び学校を除けば、合併前に果たしたような「村」の機能を続けている。「大字」で分校をもつ場合もある。部落はかつては独立した社会であったと信ずる人があり、実際今日も各部落は公的でない部落の長と宗教的中心があって社会的にはかなり自立している。村役場は各部落に税金の徴収とか村社の祭礼を執行する等の行政上の職務を負わさせている。

須恵村の区と部落名

区	部落
上手（おあで）	石坂、上手、加茂
覚井（かくい）	覚井
今村	今村、頓所（とんところ）
阿蘇	上阿蘇、中阿蘇、諏訪の原、湯ノ原
平山	平山、中の谷、舟尾
浜の上	浜の上、田代田
中島	中島、古城
川瀬	川瀬

　須恵村は一つの大字からなり八つの区に分れている。村民はこの区のいずれかに属する。実際は社会的目的のために、区のいくつかは二、三の「部落」を含む。各「部落」は約二〇世帯からなり、部落の長と村の農業委員会の支部をもつ。須恵村には十七の

かかる部落の集団があり、村民は「村」と呼んだり、時には「部落」とも「字《あざ》」ともいっている。この「区」は公式の呼名で、この中に「部落」がある。それは次の通りである。

部落は更に社会的にみて、部落の祭礼や行事に活動する「組」のグループに細分される。徳川時代に各家は「五人組」に属したと同じである。がいまではその組織の強制的意味は、法的というよりは、かえって社会経済的必要からみちびかれている点で違っている。これについては後ほどに論ずるつもりである。

区とか部落は村内の居住に関するもので厳密に地理的概念ではない。地理的区分としては「字」があって部落はおよそ数個の字からなる。字は一軒の家もない森とか水田だけの所もある。須恵村には字は八十以上ある。他になお地理的区分として、一、二軒しかない狭い土地には地図にものっていない俗名がついている。しかし「村」「字」「部落⑦」や「区⑧」等の語句の混同は避けがたいものであって、普通に村は部落にも使用される。このモノグラフでは村とは数ヶ部落を含む政治的単位に限定される。

以上を要約すると須恵村の構成は次のようである。

I　社会的及び政治区分

一村——町に対比して田舎の行政単位であり、その単位は村長、役場、学校、神社に由来する。

八区——村内の政治的区分でひとつ或いは四つの部落を包含する。長は役場から任命され、税金を徴収するのが、主な任務である。普通はその中の部落名のひとつで呼ばれる。

十七部落――各々約二十戸からなる自然的共同社会で、歴史的には社会的、経済的単位がこれである。村民は村とも呼ぶ。部落にはその長「ぬしどうり」があり、葬式、祭礼、道路、橋梁などについて共同作業の基盤に立って部落で世話がなされる。

多数の組――三ないし五軒ぐらいの集まりからなる。部落における機能は後述する。

II　地理的区分

字――地理的単位。土地所有関係の基礎として使用される。住民のいない字もある。

俗名《しな》――公文書に記録されていないが地方の人々の大ざっぱに付けている小地域。

① "Of Many men on little Land," Fortune Magazine, September, 1936.

② 部落と村の意義については第三節参照。

③ Inazo Nitobe et al., Western Influences in Modern Japan (Chicago, 1931), pp. 142〜77.

④ これらの部落は球磨川の本流でなく支流に沿っている。日本の米作部落は川に沿うかその近くに立地している。

⑤ しかし Sansom はこれを township とする。(G. B. Sansom, Japan. A Short Cultural History 〔New York, 1931〕. p. 165).

⑥ 村長、村社の「そん」という語は中国に由来している。

⑦ いつも日本農村社会学者の使用する用語。

⑧ 部落なる語は明治以来、地方的グループの村とより広い行政的な村とを区分するために採用されていて、新語であるようである。行政的な区と区長も、村に近年に出来たもののようである。

4　部落の構造

部落には「ぬしどうり」という長が（時には二人か三人のことがある）がいる。部落内の家長間の話しあいで選出され、任期は二年とされている。公けの選挙には、二十五歳以上の男子はすべて選挙権があるが、地方的な事については各家に一票の選挙権がある。部落生活には、ボスはいない。「ぬしどうり」は部落の行事の親方というよりは世話人である。部落に死人があると早速彼のもとに通知され、彼はみなに知らせて葬式の準備を監督する。また道路を清掃するように申して日を指示する。部落財産の管理もする。舟とか橋とかには特別の「ぬしどうり」がいて、正規の部落「ぬしどうり」と共同で作業をすることもある。橋の修繕を記録にとり、家ごとの割り当てを監視して、買入れ資材を記録したりする。

村や部落の休日の宣言は彼がする。「板木《はんぎ》」もしくは拍子木《ひょうしぎ》をたたいてこれを知らせる。その打ち方の早さと数の相異によって、

⑴火災　⑵共同作業の集合　⑶部落の事件についての討議の集合　⑷休日

などが知らされる。古くは彼は農事も指導したが、ここ十年このかた村には産業組合ができたし、各部落ごとに、その支部である「小組合」が設けられたので彼の職能はずっと縮小し、小組合長にとっ

て代わられた。水田部落では完全に消滅しているところさえある。それでも覚井のような商業部落では、家の半数が「小組合」に加入しているだけで、依然「ぬしどうり」として彼は大きな役割を演じているので、従って「小組合長」というものはさほど重要なポストではない。

どの部落にも、「御堂《みどう》」がある。この「御堂」は仏像を祀る小さな木造の建て物であって[9]普通に瓦屋根、時にはとたんか、藁葺であって、部落生活の上で重要な意味をもっている。ここは会合やお詣りや、部落の子供達の遊び場所になっている。一年に、二、三回の仏事があるほかは「御堂」はめったに使用されないので、幼くてまだ学校へもあがれない子供や、十四、五歳の子守りなどは、ひねもす遠慮も会釈もない快適な遊び場所にしている。この仏像は母親たちにとって子どもを安心して遊ばせておける場所という印象を与えている。

青年達も夜はときどきこの「部落堂」に集まって語り合う。年末警戒のときも彼らはここを利用しているが、近年は暖かいので[10]個人の家に集まっている。巡礼や物乞いなどもここに泊り、行商人や、履き物直しもこの廂を借りる。

部落間には競争意識があり、宴会の時など各部落の男達の間で冗談まじりの批評をいったり、八月の盆踊りの仕方などについて論じたりする。最近ではある部落の者が新しい半鐘を亡父の供養に寄附したところが、隣りの部落ではそのすぐ前に金を出して造った立派な「板木」が現にあるのに、早速別に造りたいと申し合わせているという顕著な例がある。[11]以前はこの競争は激しかったようである。

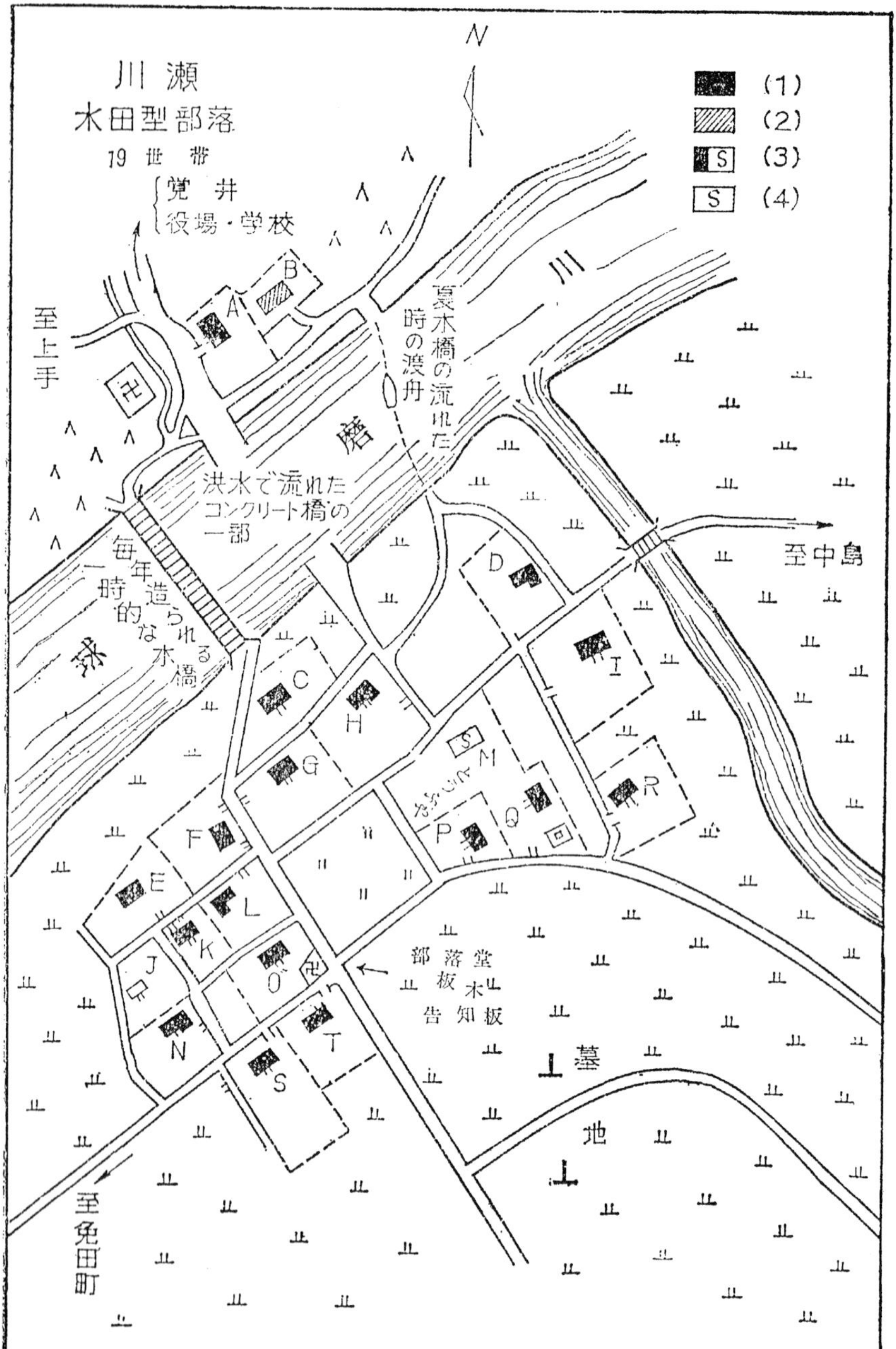
川瀬
水田型部落
19世帯
覚井
役場・学校
N
(1)
(2)
(3)
(4)
S
至上手
夏木橋の流れた時の渡舟
球
磨
川
洪水で流れたコンクリート橋の一部
毎年一時的に造られる木橋
至中島
A
B
C
D
E
F
G
H
I
J
K
L
M
N
O
P
Q
R
S
T
部落堂
板木
告知板
墓
地
至免田町

須恵村の部落には種々の集落の型がある。川瀬《かわせ》と中島《なかじま》は水田型部落といえるものであって、球磨川を横ぎって水田の平坦地に位置している。両者は一戸当りの人口が比較的に大きく、裕福なこと、社会的に結合の親密なこと、共通の経済的関心をもっていることなどの特徴がある。どこの家族でも古くから居住しているので殆んどすべてといっていいくらい血縁的関係で結ばれている。

上手《おあで》と今村とは「丘陵部落」であって稲作には適さないし、かといって山地ともいえない土地条件のところにある。部落内には水田はあまりなく、稲作するには川を横切って行かなければならない。川瀬と中島は丘陵地作物――馬鈴薯、さといも、桑など――を作るのに反対に川を渡らねばならない。ところが水田部落の人々は、冬の焚き木を集めに川を渡る必要がある。覚井と頓所《とんどころ》は、水田型、丘陵地型とは著しく違っていて商店部落である。覚井には、「村」中のまずすべての商店、村役場、焼酎工場などが集積している。県道はここを通過する。(さらに県道は丘陵の上手を通るのでここさえ商店部落型になる傾向が現われかけている)しかし商店部落はあまり社会的には統一されていない。覚井では農民と商店とは大体同数に分かれ、相異なった利害関係の結果、紛争が絶えない。商店部落の住民は、多くは須恵村生れでなく外からの移住者である。

平山部落は「山の部落」であって、どの部落からも一番に離れている。ここは大酒飲みと親切と純朴でことさら知られているようだ。農業に従事する家族はずっと以前から定住しているが、山仕事に従事するのはどこかほかの地方から移住してきたもので生活状態は貧困であり、この中には二、三の

覚井
商店型部落
27世帯
(1)
(2)
(3)
(4)
N
桑畑
墓
村有地
井戸
至上手部落
酒醸造場
豆腐屋
先生
保険代理店
石工
菓子屋
反物屋
士族の子孫
至今村部落
至村の学校
バス終点
著者の宿所(旧旅館)
部落堂(観音)
半鐘
仲買人
稲荷神社
森
役場
産業組合
消防
主な店
至人吉12マイル
理髪屋
祈祷師
天神
寺
川瀬の渡舟
球磨川
至川瀬
尺度 約100フィート

朝鮮人家族もいる。

ここに示す三つの略地図は、部落の三つの重要な型、つまり稲作部落、商店部落、丘陵部落である。稲作型では、家屋は互いにずっと密集し、塊状をなし、全体は水田で囲まれている。住民はみな農夫で家族は土着している。商店型はこの中心を県道が通り、両側に雑多の小さな店が並んでいる。道路に面していないあちこちの家は大抵は農家である。丘陵型はいくらかその土地が荒地のため、家が点在し、小道が屈曲しているのが特色である。それでも稲作型と同じに住民の大部分は農民である。〔地図の記号は(1)土着の農家、(2)転入（村外からの）農家、(3)土着の非農家、(4)転入（村外からの）非農家である。また(3)(4)のＳは店屋の記号である〕

5　新部落の形成

阿蘇区の新しい部落の「湯ノ原」がこのごろ急に発展しかけている。隣村の深田村と阿蘇との間の狭隘な谷間に、村外から貧困なひとびとが移住してきて、一九三五年には十三世帯がいた。それで新部落として認められるようになった。戸主は新部落の生れではないが、その子ども達は主としてここの生れであり、戸主にも一人だけいて部落の指導者となっている。「部落」と同時に産業組合支部が設けられ、正規の「ぬしどうり」はいない。従って彼が支部長となっている。

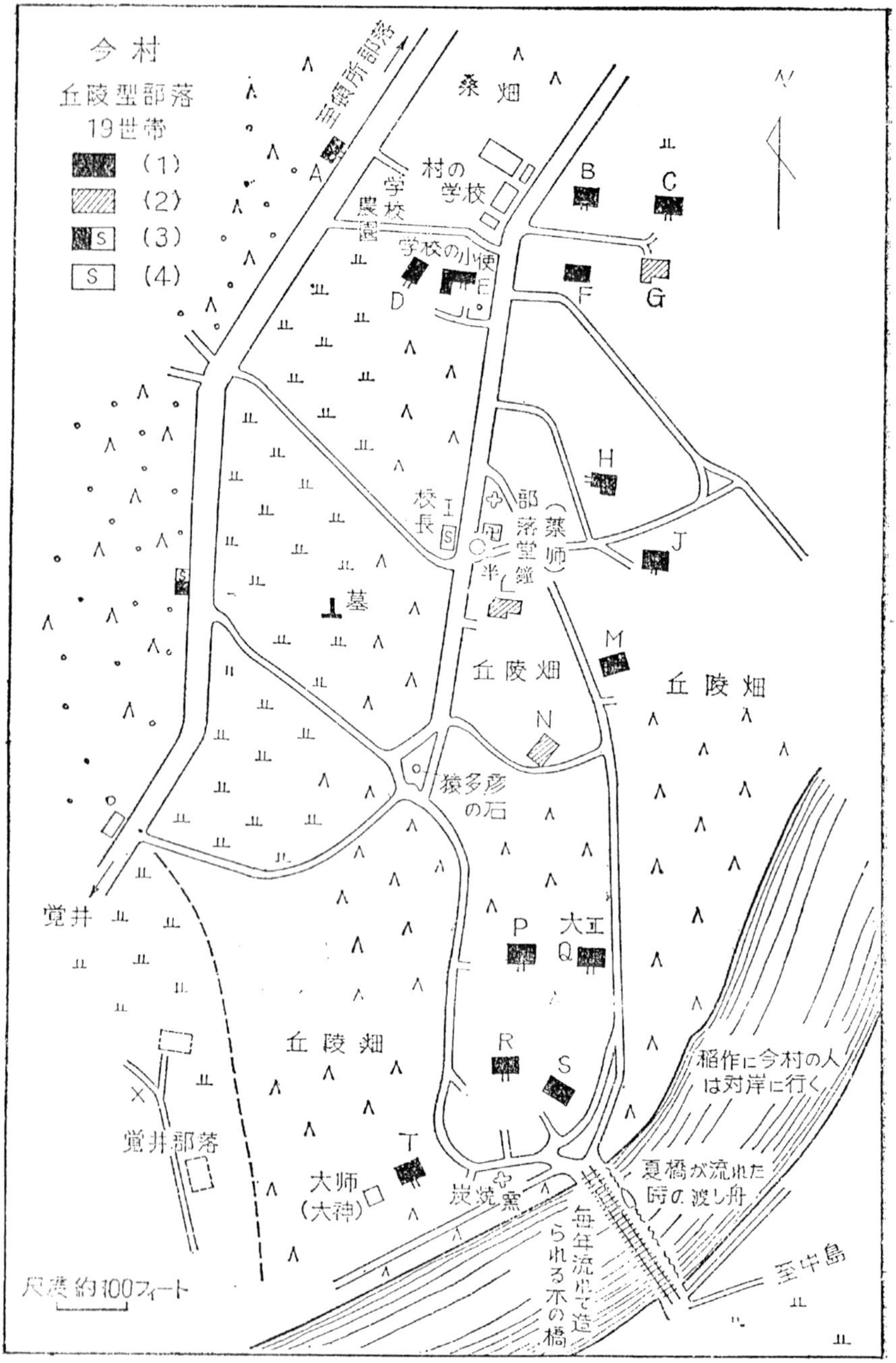
今村
丘陵型部落
19世帯
(1)
(2)
(3)
(4)
桑畑
村の学校
学校農園
学校の小便所
校長
部落堂(薬師)
墓
丘陵畑
猿多彦の石
大工
覚井
覚井部落
大師(大神)
炭焼窯
毎年流出で造られる木の橋
稲作に今村の人は対岸に行く
夏橋が流れた時の渡し舟
至中島
尺度約100フィート

湯ノ原の人は支部設置のときに組合の道具を入れる納屋を建てた。ここの前にひらけた高台は子どもたちの遊び場になっている。数年前に森の中から地蔵が見つけだされ、いま高台のこの建物の中に安置されている。この建物は「御堂」とはよばれないし、特別な催しも行われないけれども、子どもたち中心の遊び場になっている地蔵は、このお護りに安置されている。湯ノ原は居住されてからまだ二〇年にならないが、全住民は農民であり、このために覚井や頓所のような歴史は古いが団結していない商店部落よりは一層大きな共通の利害関係をもち、ひとつのグループに所属していく意義がずっと伸びている。産業組合の機具がおいてあり、地蔵があり、子どもの遊び場所であるこの建物は、数年を待たないで正式の「御堂」になることはうたがいがないし、ちょうど川瀬が観音様を祀るみたいに地蔵祭りを年々行うようになるであろう。私はこの研究の野外調査で以上の型を設定してみた。そのほかは、いま選んだ七つの部落に見い出されるような特別の特色を示していない。

6　組

部落内には「組」と呼ばれる一層小さな非公式の団体がある。その機能については、第四章で述べよう。「組」の淵源は、きわめて古いわけであるが、徳川時代の五人組の組織は、しかもずっと形の整った団体から由来している。それは中国の唐代のものが輸入されて一時は廃止されたが、のち秀吉によって再編成され、徳川幕府にうけつがれて村を自治体制に組織化させる行政目的にもちいられた。つまり五軒ずつで頭を定めてグループがいくつか作られ、それらが集まってさらに村を形成して村長の支配を受ける機構である。たとえば法律や規則はまず村長に知らされ、村長は組頭に伝え、ついで組頭は各家族へ知らせる。他方では組の構成の各員はその行動について、ことに犯罪に対しては共同責任制を負わされた。こういう共同責任制はしばしば強圧的のものでさえあった。

「組」の制度は現在のところ「部落」およびそれより小さい「組」の形態の村の活動機構であるが、発生的には幕府が農民にその土地で、正直、質素を旨とし、勤勉に農事をはげまさせる手段として仕組んだものである。現在の村の機構は、徳川幕府の統治の形態からの変貌である。これまで村民は「名主」や「庄屋」という村の代表者に支配されていた。庄屋は実質的には村長と同じ権威をもち、村の旧い裕福な地主のものがなり、将軍の命を受けた代官に服する。庄屋の下部編成として組頭と年寄（村相談役）とがおり、武士階級ではないが、地方はいうまでもなく中央政府[12]に対しても村の代表者としてふるまった。かくして地方の支配には強い中央集権的傾向があった。

「組」は部落に支配され、小さい字《あざ》は一人の村長の下に大字に合併された。村は現在のところ自治体であるが、教員、農業指導員、警官を任命するのは県であり、村費をまかなうためには租税が徴収される。

7　農産物、器具および機械[13]

肥後は――球磨をふくめて――ケンペルによれば、「十分の焚き木や建築用材、それに住民の欲望を満たすに足りるだけの穀物、豆類、魚類そのほか必需品を産出する中ぐらいの豊沃な地方」として記録されているところである。この肥沃な球磨の平野は、稲作の理想郷であり、ここから日本で最もいい米が産出されるのもふしぎではない。広汎な氾濫原は、球磨川とその支流を利用した灌漑溝の大きな網の目を成している。盆地の南側に（球磨川は北側を流れる）封建時代に掘られた百太郎用水がある。強いられたはげしい労働と長時間におよんだ苦難にみちた努力――この完成のためには人柱[14]が必要だったとさえいわれているもの――によってできたこの運河は、見渡すかぎりの稲作地を灌漑するのに役立っている。支流の谷間も水田に適している。丘陵には稲作に必要なだけの段丘がない。丘陵地には、桑、馬鈴薯、甘薯、大根その他野菜や、小麦、大麦、黍や陸稲などが栽培されている。水稲の収穫は一年間はかかる。村全体が、五月には種播き、四十日後の六月には移殖、六月下旬と七月上旬とに除草、十月に刈り取り、十一月、十二月には脱穀をする。秋ぐちには稲田の半分は乾き上っていて、冬期に入ると小麦や大麦がまかれ、翌年の苗代と田植との間の五月に刈り取られる。残っている田地には蔬菜が植えられ、そのほかは休閑地である。稲作には沢山の男女の重労働が必要である。

米は村の重要生産物であり、村の収入源の大部分を占めている。村は日本人の主食である米を供給して、国家に貢献しているけれども、その代償として村が受取る金額は少ない。米の代金は、砂糖、塩、肥料、工場製品を買うために、村から流出していく。

米には生産過程に基づいてそれぞれ特種な呼び名があって、植物としては、稲、収穫されたときは籾、脱穀して玄米、精米して白米、煮ては御飯⑮となる。米を原料にして菓子がつくられ、米の粉から最も重要な儀式用の餅もつくられる。また米は村内では貨幣として使用され、また女が親類を訪問するときとか、葬式、宴会、名付け祝いとかには普通の贈り物となる。須恵村でよく飲まれる焼酎も米から醸造され⑯、神の供え物としても普遍的なものである。地方経済による米の価値が高いのは、常日ごろ規則正しく貯蔵される唯一の穀物である、という事実に徴しても明らかであろう。

裸麦、小麦、大麦は冬作物として排水され耕された田地に植えられる。この裏作制は、十年まえ県庁の農業指導者によって着手された。これ以前には、丘陵地にだけ栽培されていたが、今日では水田の約半分がこれにあてられている。麦は米と混ぜてとくに刑務所とか軍隊、また多くの農家で使用されている。麦粉から祭の団子が作られる。米や麦は換金作物である。これにたいして粟や丘陵地の陸稲は、自家消費用である。

米と麦についで養蚕は、村の生産経済において重要な第三の項目となっている。最初の繭は六月始めに売られ、第二回は八月下旬に、第三回は十月上旬に売られる。多くの二流品の繭は、自分の家にとどめられて女の手で糸につむがれる。それから小麦の収穫前の早春、まだ仕事がさして忙がしくないころに主婦たちは、機織りをして美しい手織りの絹を織り上げる。養蚕は長野県のような本格的な養蚕地域にくらべれば、須恵村の規模は小さなものである。ところが養蚕地では米の生産高は、それだけ小さな役割を示すのである。養蚕業は日本の生糸市場が増大するにつれてここ数十年大いに拡大したが、今日の須恵村では村民の約半数が営んでいるにすぎない。下男下女を使っている富裕な農家では山畑をさいて桑を植えている。日本で最大の紡績会社片倉、鐘紡は農民に蚕卵を与え、その繭を買い上げるのである。会社は農民に、会社から助力や指導を与えてくれる養蚕組合をつくらせ、時おり会社の費用で宴会に招待する。それでもって養蚕家には、繭の買入れ価格を低くおさえ、さらにある特権(17)をもっている。須恵村に現われた二大会社では、各村養蚕組合の会長には、富裕で村の有力者である村長や村の長老を立てる。この人たちは会社から特別の贈り物を受けて、農民に会社の生産目標を説明する。もしも悪い蚕卵を与えたり、いつもより安い値段で繭を買い上げたりする時には、農民に言葉巧みに説明して調整をはかるのである。

村として少ない対抗の例の一つであるが、この二つの会社の組合のあいだに競争があって、会合は別々に行われ、互いに生産を競い合い、繭の売却の後の宴会の大きさを衒い、あまつさえ豊年感謝の司祭の型さえきそうのである。

農民たちは米、麦、生糸のことで、あまり忙しくないような時には野菜の手入れ、牛馬にやる草刈り、鶏の雛の育生を挿しはさむ。雛は村の経済面に新局面をもたらした。他村では、二、三羽が平均なのに、須恵村は一軒で五、六羽以上も飼育している。また主な野菜は大根と馬鈴薯とである。そのほかにもいろいろ栽培されて、村にこのごろになってやっと植えられた種類のものもある。村には数軒の豆腐屋があって、村びとに売られている。豆腐は安いので宴会に魚の代用として使われる。食事は野菜が主であるが、魚類とかときには鶏肉が宴会に用いられる。蛋白質の多くは大豆から摂取される。食物と人の顔の色とは関係があり、皮膚の白い人は白米だけ食べている人だといわれている。祭りのたびに特別の料理がつくられた。ある食物は友人や親類をたずねる際に贈り物として、もっていかれる。

この地方で大麻が若干はつくられる。この繊維は売られてロープや麻製品になる。日本にいろいろの樹木が成長しているが、その種類のほとんどが球磨地方に見られる。建築用、それに一般用として須恵村ではつぎのようなものが大切にされている。竹、杉、檜、樫、それから柳等の各種であって、このうち檜、竹、柳は実用的価値をもつと共に儀式用にもつかわれている。

果実を結ぶものは、椿、棕櫚、桑、茶、栗、桃、梨、柿、西洋李である。丘陵には櫟があって、秋になってその紅葉がめでられる。花のうつくしいものには、つつじ、桜、桃、西洋李、沈香、南天等があり、野生の花や栽培されている多くの草花は、神社や寺院や仏壇にかざられる。

各季節の農産物

春 3月～5月	夏 6月～8月	秋 9月～11月	冬 12月～2月
筍	小豆	小豆，ササゲ	ソバ
ソラ豆	大豆	ソバ	人参
クローバ（馬の飼料）	人参	キャベツ	白菜
ワラビ，ゼンマイ	ユズリ	椿の実	大根
フキ	キウリ	人参	ゴボー
コンニャク	夏大根	栗	タマネギ
グミ	茄子	白菜	柿
蜂密	葡萄	ユズ	甘諸
麦	梨	トウモロコシ	蜜柑（輸入種）
セリ	茅（屋根をふくのに用いる）	キウリ	サトイモ
エンドウ	タマネギ	大根	春の七草
山蜜	桃	茄子	
茶	西洋李	ショウガ	
カブラ	南瓜	ゴボー	
	ラッキョウ	葡萄	
	菜種	ヘチマ	
	シロウリ	コンニャク	
	紫蘇	粟	
	トマト	山芋	
	西瓜	キノコ	
	雛菊	タマネギ	
		ニガウリ	
		南瓜	
		大豆	
		柿	
		米	
		胡麻	
		砂糖大根	
		甘諸	
		里芋	
		カブラ	
		西瓜	
		白イモ	

川や水田の産物

春	夏	秋	冬
エビ	ウナギ	エビ	
タニシ	アユ	鯉 その他	
シジミ類	フナ		
	鯉 その他		

馬や牛が飼育されて、荷物の運搬に使われている。これらが主に使用されるのは、田植えの五月、六月と、小麦をまく十一月とである。牛乳は医者の指示がある時、やっと飲まれる。家畜の飼料用の牧草地がないので、秣や草はすべて手で刈り取られて畜舎に運ばれなければならないし、そのうえ農民はこれを細かく切らねばならない。米やフスマも使われている。軍事的価値から、農民は馬の飼育を奨励されている。馬は村役場の馬籍に人間の戸籍簿と全く同じにその生年月日が登記され、この農民には二円ずつ渡される。[18] 愛玩用としてもミルクをとるためにも山羊が少し飼われている。兎や小鳥も飼われている。豚は飼料に恵まれた豆腐屋や酒造家に飼われているが、村内では豚肉はめったに消費されないで、ただ大きくして売るのが目的である。小豚は町のブローカーから五円で買い、一年たって十五円から二十円で売られていく。食事の変化はあまりなかったが、野菜の種類が増加してきたことは、近年の著しい特色である。小麦からつくられるお菓子も、新しいものが二、三できている。

農具の大部分は木製で機械製のものは少なく、ちかごろになってこの地方にも少しずつ移入されたにすぎない。自転車やリヤカーが荷物運搬に主に使用されている。製粉機は電気、ガス、または水力で運転され、須恵村では個人持ちになっている。隣り村では産業組合に、ただ一台備えてあった。家庭内で粉とか豆腐を造るのに引き臼で精米されることもある。水力を利用した自家製の製粉機もたまにはある。ステッキみたいな簡単な木製の道具や熊手、籠は家庭でつくられる。鉄製の器具は免田から、また産業組合から買ってくる。むかしからつかっている小鎌、鋤、鶴嘴のほかに、近年は機械も若干用いられる。足踏式の脱穀機ならば各農家にとって、ほとんど一つずつは備えつけられて、これまでの旧式のあの稲を手で丸太に打ちつけたり、幾本もの釘の間を引張るといった面倒な方法に取って代わったが、このごろではそのうえガス・エンジンの脱穀機が数台も村に入って、個人持ちと組合持ちとがある。唐箕[19]も使われ、製麺機も数軒にある。また繭から過剰の毛塵を取り除く手おしの毛塵取機がある。焼酎工場は個人経営だが、近代式の醸造機械を備えている。ラジオが三台（学校と商店と村長）、数台の蓄音機（学校に一台）とミシン（学校に二台）、各家には時計、村役場には電話（一九三六年架設）がある。

　農業には人造肥料が最も重要なもののひとつであるが、ここではなおも、しもごえが利用されている。むかしはわざわざ山へロームや落葉を採集にいったものである。

　次の表に示しているように須恵村に機械時代が来ていることは明白である。三十年前まで農耕はすべて手わざでなされた。肥料は人力で集められ、輸送は足や馬や舟でなされ、着物は手織りであった。山間部の平山部落は、今日でも電気がついていないばかりか、どのような近代的動力もない。機械が採択されるにつれて、球磨以外の世界との接触さらに依存関係が増大してきた。自転車は町々をより接近させたし、バスで人吉の町に行き易くなった。都市との接近、それに小麦などの新しい換金作物や養蚕業は、それだけ貨幣の使用を増加させた。機械は数軒の協同を要する肉体労働に代わろう

須恵村の機械

機械	使用数	最も古い使用年数
水車の製粉所	1	20
電力の製粉所（個人持ちの古い水車（山の部落に今も多い）に代りつつある）	3	7
足踏打穀機	各家に一台	20
ガソリンエンジン	7（3は個人持ち，4は部落農業組合持ち）	10
ガソリンエンジン打穀機（現代足踏脱穀機になりつつある）	18（8は個人持ち，10は農業組合持ち）	10
毛塵取機	各養蚕家に一台	10
蚕の網あみ機	各養蚕家に一台	15
ウドン製造機	30	9
製縄機（数軒で協同）	60	20
バリカン	100	30
自転車	160	25
リヤカー	47	10
自動自転車	1	2
自動車	0（但し深田に医者が一台所有）	
ミシン	4	30
ラジオ	5	5
蓄音機	20	30
電話	1（村役場）	1（1936）

注　電気は11年前に，アイスケーキは多良木に3年前，バスは2年前に，多良木と免田への道路は12年前にそれぞれ設けられた。

とする傾向があり、しだいに村の協同組織のいくつかを分化させていく機縁をもつようになっている。

8　季節

村の生活には季節の移り変りは大きな影響をあたえている。都市でさえ、日本人は強く季節の移り変りを感じ、春の桜のめでたさ、夏は蜻蛉、螢のうるわしさ、秋はススキのみやびやかさ、そしてそれは紅葉の村を仙境へいざなう白雪の訪れの前触れをするなど、これらは日本の詩に多くうたわれている。穀物の種蒔きや収穫の季節ばかりか、各農作物の生産関係にも一定の季節性がある。髪油の一年分の供給量は春の小麦の収穫や田植えまえにしぼられ、その同じころに味噌が翌年の準備に煮られ、醤油は夏の田の草取り後と収穫にさきだってつくられるのが例である。屋根を葺く茅は秋ぐちに刈られ、翌年まで貯蔵して乾かし、田植前か収穫前に屋根に葺き上げられる。春夏秋には、村の馬はちざしで治療される。季節の変り目ごとに部落に御祓いの式があって部落の入口に魔除けがはられる。季節ごとに年齢や性別によって着物が変わるし、子供の遊びかたにも秋の少女のまり遊びや夏の少年の蜻蛉釣りなど、それから村人が互いにとり交わす日々の挨拶にも「寒いですね」、「よく降りますね」、「暑いですね」という風に季節感がしみこんでいる。結婚式のような社会的儀式も村の生活の季節性に順応して、米の収穫後に行われるのが普通である。ただ運命のめぐりあわせである生と死とだけを

須恵村に於ける労働力の年配分

一月～二月	木材の伐採 木炭 鍛冶屋〔道具修繕に村を廻る〕 空き水田の調査 鳥猟 雪と霜	比較的暇のある季節
三月～四月	木炭 道路修理 屋根葺き 髪油の製作（女） バスケット（男） 織物をする（女） ぜんまいの採集 野菜 桑畑の施肥 小麦畑の手入れ 水田の貝採取（女） 春のちざし	集約的でない労力
五月～六月	春蚕（五月） 小豆の種蒔き 田植え（五月） 茶摘みと乾燥 灌漑溝の修理 たけのこ採取 馬鈴薯 小麦の収穫	非常に多忙な季節
七月～八月	夏蚕（八月） 田の草取り（七月） 醤油と味噌の製造（女） 魚つり 梅干し漬ける（女） 粟の種蒔き 茄子きゅうり 夏のちざし	除草が終るまで非常に多忙な季節
九月～十月	秋蚕〔米の収穫前に終る〕 粟の収穫 米の収穫 きのこ 桶作りが村を廻る 魚つり 屋根葺き 木橋の修理 木炭 柿の収穫 クローバの種を水田に蒔く（収穫直前） 秋のちざし（米の収穫前）	多忙な季節
十一月～十二月	米の脱穀 米と粟の収穫（続き） 馬鈴薯の収穫 里芋、甘藷、キャベツ、大根の収穫 鳥猟	収穫と脱穀で多忙

除いて。

農家では太陽暦をつかっていて地方的な休日や祭日もあって、すべてこれでかたづけられている。部落の休日は、太陽暦の一日、八日、十五日、二十四日であって、部落の集会はこのうちの一日をあてている。大抵の祭日も、一日か十五日である。太陽暦を採用している学校でさえ村の青年男女が出席する青年学校は、部落の休日に行われて、地方の習慣に従っている。冬小麦や養蚕のような新しい農業経営と役場や学校の日曜を休日とする太陽暦の採用は、部落の年中行事のリズムをみだしはじめかけている。前頁の表は、球磨地方の農民の主な季節的作業の大略を示すものである。

⑨ 仏教と部落生活におけるその意味については第七章参照。

⑩ 明治大学の最上教授は「御堂は村によっては青年たちが夏季に青年団で利用して宿泊する」と説明された。

⑪ わたくしも裕福な居住者あつかいされて寄附をした。

⑫ Eitaro Suzuki, A Plan for a Rural Sociological Survey in Japan. ("Research Bulletin of Gifu Imperial College of Agriculture, No. 19, 1931)；Yosaburo Takekosi, The Economic Aspects of the Hist. of the Civilization of Japan (London, 1930)。and Sansom, op. cit., pp. 163~71., 村および五人組についてもっとすぐれた英文での研究はつぎの二つであろう。D. B. Simmons and J. H. Wigmore, "Notes on Land Tenure and Local Institution in Old Japan," Transaction of the Asiatic Society of Japan, XIX (1891), 37~270. K. Asakawa, "Notes on Village Government in Japan after 1600," Jour. of American Oriental Society XXX (1910).

⑬ 附録第1表「経済的基礎」参照。

⑭ 人犠というのは橋、城、建築物などの大事業が企てられた時に必要なものという観念は、日本の伝承として各地に古くからある。

⑮ 朝（御）飯、昼（御）飯、夕（御）飯がある。

⑯ 近年になって町や「芸者屋」でビールが飲まれるようになったが、農民の家庭では少ない。焼酎も酒も燗をするのでビールも温める者もある。

⑰ 米の仲買いと同じで、紡績会社は儲けているが、農民は唯、働くだけである。政府保証の村の産業組合はある程度は向うみずの仲買人に代わる意味をもっているが、生糸のこれはまだ少ない。

⑱ 政府保護の事業の多くは、軍事的利益のものであることが実証される。最近に起こっている経済再建運動は、農民に農産物の量とか種類とかの増強を奨励するが、これは農民を富ませるよりは、国力の増強のためのものである。

・ 中国の農村でも、ほとんどこれと同じ道具が使用されている。ほかの多くの日本の農器具でも中国の物と全く類似している。

9 村の有業者

須恵村ではどの家も農業を営んでいるが、ほかにいくらかの職人と店屋とがある。職人の古い型は大工であって、どの村でも二、三人はいる。熟練者になるまえにどこかの親方について徒弟として勤めてきたものである。家屋の骨組の建築を指揮し、祝宴には主賓となる。土台石を作る石屋は昔は踏み臼や風呂桶などの家庭必需品をつくっていたが、今ではこれらは町で買い求められる鉄やセメントの物にとって代られた。ほかの重要な職人は菓子屋である。大工と同じにどこかへ徒弟に行って製菓方法を学んできて、須恵村で店を開いている。彼は子供向きの菓子のほかに名付け祝、結婚式、葬式の際に用いる「ラクガン」も造る。須恵村には鍛冶屋はいない。毎年春になって隣村から雇われて来て臨時の鍛治場を設けて二週間働いていく。賃銀は普通は米で支払われている。けれども大工は貨幣で支払われる。このほか村に来る職人には、桶屋、鋳掛屋、魚屋がある。魚屋は村で行われる宴会と関係深いが、第三章で述べる。

女で職業を営むのは三人いる。二人は産婆で子どもの名付け式の祝宴に主賓に招かれる。ちょうど家の「建ち前」の酒宴に大工が招かれるのと同じである。もう一人は、「お針屋」であって、ミシンを持っていてシャツの修理とか男の作業衣を縫う。普通に婦人は着物は自分の手で縫っているが、これは学校で教わるのである。村には本職の着物の仕立屋はいないが、この女は主婦達の縫い物の手助けをし、また注文を受ける。耕地が狭く、貧しい世帯の未亡人や主婦のなかには家の収入を増すために、豆腐をつくっているのもある。豆腐屋は毎朝つくるが、ソーダ水、キャンディ、ビール、それから魚、牛肉、パインアップルの缶詰などの食料品も店に仕入れている。豆腐屋は各部落にあり、此処へ村の者がやって来て世間話に花を咲かせ、夜は青年たちが集まって話し合ったりしている。

大工や石屋、鍛治屋は、その職業で生計をたてているが、五、六人の屋根葺きはもともと農民であって賃銀は米で受取り、屋根を葺く家で食事をふるまわれる。仕事が終ると勿論農民にもどる。理髪師でも相当大きく農業を営み、その妻は養蚕を営んでいる。僧侶や神官も兼農である。夏季に川で魚を捕るのは、耕作地の広くない零細農や暇な店屋等であるが、時間つぶしにやる程度で、漁業の二軒の例でもその妻は豆腐屋とか菓子屋をやっている。山の部落ではきのこや蜂蜜が取られ、炭焼きもまた副業として木材の伐採をする。貧しい人は人吉の資本家に雇われて木を切ったり炭を焼いて生計をたてている。農家のうちには馬車をもっていて荷物を近隣の町の人のために運搬して、臨時の収入を得ているものもいる。町には本職の運送屋がいるが、須恵村では馬車引きは一時的にやるにすぎない。

農民および村の職人とは別の型の職業には、小さな店屋がある。その経済生活の方法は貨幣意識にかけても農民よりは近隣の町の商店に似ている。どの店も村を通り抜ける県道に面して並んでいる。店屋はどれも須恵村の土着のものでないことに注意しなければならない。それでも一方でいくらかは農業をやっている。しかし農民の種々の習慣には従わない。須恵村にある唯一の工場は商業部落の覚井にある焼酎工場である。以前はいくつも工場はあったが、政府の統制、ことに厳格な規定や重税のために小経営のものは消滅してしまった。この家は村第一の分限者で息子は須恵村には、前例のない大学卒業者である。米や麦は脱穀が必要であり、このために数軒の製粉所がある。みな土着の者ではない。かつての家庭内で手で廻した旧式の方法にとって代わって電力や水車式の製粉機が設備されている。覚井では電力製粉機が金持ちの店屋にある。

店屋は真面目な暮しをし、金銭の勘定は細かいが農民の受けは悪くない。だがよそから来る仲買い人には、巧みにごまかされる。彼等は資本も無しに借金を取決める契約をし、債権者から募集したことに依り、債務者からは債務の割引を債権者に行わせることに依って世話料をとる。それに土地家屋の売買業を営み、米の投機もする。村の仲買い人は町の仲買人より小規模であるが、酒色に耽溺しがちである。彼等が不人気ながら存在するのは結婚や取引きのような生活上の大切な事には仲介人が必要であるという結果である。

さらに非農業の型として村の出身でないものに学校の教師がいる。須恵村には十人いるが、村民より教育程度も高いし、「村」の生活とはどの職業からも離れていて経済的に独立している。その俸給は学校経費と同じく村の税金でまかなわれるが、任免は県の学務課で行われ、村には発言権はない。もっと特殊なグループに役場の吏員がある。吏員の家は多種多様である。仲買い人と同じによく近くの町の芸者屋に飲みにいく。普通の農家ではこんなことは娘を身売りでもせねば出来ない。[29]

覚井でも頓所でも商業部落は、有業者の数が一番多いが専業農家があまりない。店舗の数は年とともには増加していない。どちらかといえば、十五年か二十年前より少なくなっている。というのは鉄道開通のためと、それに近隣の町が商店街として発展したことが原因である。鍛治屋のような職人の仕事でも近くの町で、既成品販売が大いに増加したので減少した。

中島、川瀬の水田部落と平山の山村の部落は、職人が少なく農民が最も多い。現に県道からも離れている。今村と上手の丘陵部落はこの中間的性格であって少数の商人、つまり店屋と仲買い人は部落内を通る道に沿うて店をかまえている。大工とか屋根葺きとかのこういう技術熟練者はどの職人や店屋とも係わりなく、どこの部落にもいる。

家庭経済に占める貨幣の役割は職業によって異なる。普通の農家の生計費は約五十パーセントは貨幣で支払われ、他の必要品（米はその最大唯一の項目）は家で作られる。ところが店屋は貨幣で米を買わねばならないので全生計費の約九十パーセントが貨幣で支出される。農家では草履や莚は自家生産し、女は羽二重を織ると共に免田の町から綿糸を買ってきて木綿を織り、男は籠や農器具をつくる。肥料は産業組合から買うが、大部分は人糞を溜めて使うのである。以前は農家の生活費は多分十パーセント以下の貨幣支出であったようであるが、今日では町の店に電気具・タバフ・薬品・砂糖・塩[21]を現金で支払わねばならない。

農家の土地所有関係は、純地主が三十二人、地主兼小作人が一、二一人、純小作人が七十一人である。村には大地主は一人もなく、裕福な農家は二、三町[22]の土地を持っているにすぎない。

部落の型は、つぎの二つの表で説明されるようである。㈠水田（川瀬・中島）㈡丘陵（今村・上手）㈢商業（覚井）㈣新開地（湯ノ原）㈤山（平山）の五つの型である。

世帯数については、中島と平山はそれぞれ実際はもう少し家数が多いのである。が部落の大部分のものから、部落のものと考えられていない世帯――この世帯は部落の行事には協同しない――は省略

須恵村部落別の有業者構成①

部落名及び性格	世帯数	村内生れの戸主②		主農業世帯数		兼業養蚕世帯数		豆腐及饅頭製造	菓子屋	むしろ製造	籠製造	大工	石屋	屋根葺	井戸掘	製粉工場	車曳き	炭焼、きのこ取	漁業	産婆	店屋（焼酎工場含む）	酒販売	仲買人	薬局	役場勤務	教員	学校・役場の小使	鉱泉所有者	神官	僧侶	祈とう師	その他の職人③	職業の統計
		数	%	数	%	数	%																										
川瀬（水田）	20	17	85	19	95	16	80	1	—	—	1	—	1	—	—	—	—	—	1	—	—	—	1	—	1	—	—	—	—	—	—	—	8
中島（水田）	27	20	74	26	96	22	81	1	—	—	—	2	—	1	—	—	1	—	—	—	—	1	—	1	—	—	—	—	—	—	—	—	8
上手（丘陵）	21	17	81	17	81	15	71	2	—	—	—	—	—	1	—	—	—	—	3	—	—	—	—	—	1	—	2	—	1	—	1	—	9
今村（丘陵）	19	15	79	16	84	13	68	1	—	—	—	1	—	2	1	—	2	—	1	—	—	—	1	—	—	1	1	—	—	—	—	—	11
覚井（丘陵一店屋）	27	14	52	11	41	12	44	3	1	—	—	—	1	1	—	2	1	—	—	1	4	1	1	—	1	3	—	—	—	1	2	6	22
湯ノ原（丘陵一新）	13	3	23	12	92	—	—	—	—	1	—	—	—	—	1	—	—	—	—	—	—	—	—	—	—	—	—	1	—	—	1	—	5
平山（山）	25	20	80	20	80	3	12	—	—	—	—	—	—	1	—	—	—	5	—	—	—	—	—	—	—	—	—	—	—	—	—	—	4
総計又は平均	152	106	70	122	80	81	53	8	1	1	1	3	2	6	2	2	4	5	5	1	4	2	3	1	3	4	3	1	1	1	4	6	34④

注 ① この表の職人は大低兼農，但し店屋，産婆，仲買人，豆腐屋，菓子屋は例外　② 戸主で村外から土着の家に養子にきたものは村内生れの戸主とした　③ 覚井部落の他の職人六人とはちょうちんや，お針屋，理髪屋，保険代理店，養蚕技手および士族の息子（現在失業）
④ 職業の総計，村の商人いろいろの型の総数

須恵村七部落の人口と富

部落	世帯数	人口		雇人をもつ家		村内の学校以上教育を受けた者の家		新聞の予約購読家数		平均戸数割最低5円
		数	一戸当りの平均	数	%	数	%	数	%	
川瀬（水田）	20	138	6.9	9	45	9	45	2	10	40
中島（水田）	27①	194	7.2	9	33	8	30	4	15	30
上手（丘陵）	21	114	5.4	4	19	6	22	2	10	15
今村（丘陵）	19	119	6.3	7	36	6	31	3	16	20
覚井（丘陵—店屋）	27	150	5.5	8	30	9	33	7	26	15②
湯ノ原（丘陵—新）	13	58	4.5	0	—	0	—	0	—	5
平山（山）	25②	153	6.1	4	16	1	4	0	—	15
総計又は平均	152	926④	6.1	41	27	39	26	18	12	20

注　人口には雇人を含む
① この数字は中島の一部に社会的に入っていると考えられない多良木近くの五軒を含まない。
② 覚井が比較的低いのはそこの職人商工業者の多くは土地を所有せず従って固定資産がないためである。
（戸数割は固定資産に所得を加えたものを基準にする）
③ この数字は平山に社会的に入らないと考えられる四人の山の作業者を含まない。
④ 村の総人口は1,663である。

されてきたからである。この孤立した家は須恵村生れのものでない貧農であるということは注意しなければならない。それから人口については、水田部落は裕福でよその部落よりも奉公人を沢山持ち、一世帯あたりの人数も大きい。湯ノ原は貧困家族の地域であって、若い者は奉公人になって出稼ぎし、一戸当りの人数は少ない。土着の者の占めるパーセントは水田部落が最高で、商業部落は最少である。商業部落は職業の種類がとても多くしたがって農民は少ない。なおここの住民でなくて村にやって来る渡り職人がいる。㈠春の鍛冶屋　㈡夏の桶屋　㈢春夏冬の馬の獣医　㈣夏の鋳掛屋　㈤夏の履き物直し　㈥夏のアイスケーキ売り　㈦毎月の台所用品の行商人　㈧毎日の魚売り、それから売薬行商人、巡礼とさまざまの人が入りこんでくる。普通に彼等は県道に沿った部落だけを訪れている。（訳者註——須恵村とその周辺には毎年四、五人の富山売薬行商人が訪ねている）

10　村の統一機構

以上において「部落」は本源的社会単位として記述してきたので、「村」単位の形態には、部落間の大きな統一が存しないように見える。けれども村の範囲の基礎には、村と国家をも連結するようないくつかの組織があり、この統一的機構のうちでもっとも主なものは、村役場、学校、寺院、神社などである。

イ　神社と寺院

須恵村の守護神を祀る神社は、村民の無事と繁栄とを護ろうとするものである。祭には村役場の吏員が参列し、したがって理論的には、村民の社会生活に大きな影響を与えるものと期待されるが、実際のところ、さほど日常生活に深く入りこんでいない。この点では寺院は、村民の葬式や法事に僧侶が必要であるので一層重要視されている。寺院の行事や説教はむしろ数が少ないのであるが、この時にはどの部落からも参詣にくる。もっとも寺院の影響は以前よりも弱まっているようであるが、神社のそれは次第に根をおろしつつある。以前は殆んど神社は各部落にあったが明治以後は全村として一ヶ所に統合された。これは政治の中央集権化傾向に一致するものであり、また村を結合させ、村と国家との接触を密接にする――国家主義の精神によって地方的理想に代ってことに役立っている。村民の日常生活や村の組織における神道と仏教とについては、第七章で述べる。

ロ　村　役　場

大抵の村では、役場と学校とは同じ部落にある。須恵村も以前はそうであったが、数年前に役場は丘陵の今村から中央部の便利な商業部落の覚井に移転した。同一敷地には、このほか消防組と産業組合の建物がある。役場は村長、助役、収入役、農業技手、それに二人の事務員がいる。村長は村民の選んだ十二人の村会議員によって選ばれ、村議会の議決を実施し、村民の福祉増進を計るものであり、一種の名誉職である。

役場は村内の各家から戸数割を徴収し、これによって村の費用がまかなわれ、吏員や教師の俸給やまた神官の俸給が支払われる。政府と県庁は道路や橋梁の建設、学校経費に援助を与えている。そのほか人口統計や戸籍が、役場に保管されている。戸籍は本籍地に置かれる法律上の記録であり、出生（両親の名とか私生子等を書いて）結婚、死亡が届け出によって記録される。日本民法が届出主義をとっているので、結婚の場合には、届け出の日が記録されるけれども、結婚の日附は記されない。結婚後ときには一年かそれ以上も経過して届け出られるので、実際の結婚した日はわからない。戸籍は本籍地におかれるので、ある男が他の村で犯罪をおかしても、その村で記録されるのではなく、彼の戸籍の保管されてある村で記録される。これは学校、警察や軍隊にとっては、学齢児童の調査、犯罪調査や徴兵に貴重な資料をなすものである。

税金と土地台帳とについては係員が一人いる。土地所有権の知識は、税の査定に役立ち、また土地所有権をめぐる村の諸問題は彼が解決する。農業指導員は実際は県庁から任命されてきているが、村役場や産業組合の仕事も担当する。農業の専門学校か、同等の養成所を出たもので、農民に肥料の共同購入および農産物とりわけ米・小麦の販売の組合の組織を教えるのが彼の任務であり、改良肥料の使用、売れ行きのよい副作物の栽培、協同組合の売買振興など農業経営の改良を村に取り入れている。経済再編成の新運動には、各村の急先峰である彼が必要なのである。産業組合は国家的組織の地方支部であって、各村に大抵はどこにもあり政府の農業政策に調和した農民の協同組合的組織である。須恵村では購買・販売・信用の三部面が活発である。組合の雑誌「家の光」は他の刊行物よりも遥かに多く組合員に読まれていて、地下足袋、石鹸、売薬などは組合で廉価に買える。信用組合は、村の銀行の役目を果たし、須恵村では助役が[23]、この組合長を兼ねている。各部落には、「小組合」[24]があり、さきに云った進歩的経営を推進することをその主な職能としている。その長は年老いた村生れの部落長の地位にとって代わりつつある。

村役場の吏員は、まずすべて村生れの者でほとんどは高等教育をうけている。彼等は県庁とか中央政府に対しては、村を代表すると共に、他方では村に対して県庁と中央政府とを代表するのである。

八　学　校

村で最も立派な建物の一つは学校である。一部二階建てで運動場はない。一校だけあり、役場よりもかえって村の統一機構として強力であり、明治以来、村の生活における新要素を果たしている。児童数は約三〇〇人、その六〇パーセントは、高等小学校か青年学校に行く。各部落からくる児童は、すべて幼年時代の六年間を通学するが、この事実は重要なことである。学校がなかった時代は、寺小屋に行ける少数の幸運なものをのぞいて、各自は家で教育をうけていたものであった。学校の創立によって子供達は各部落からくる級友とともに親密な社会を形成する、ここで標準語、歴史、修身、実用的な農業、それから入門的な学科などの普通教育をうけ、学校を通じて村の一員に、そしてまた部落と共に国家の一員となる。

学校の建物自体は、部落間の事項についての集合所であって、講演会や学校の運動会、学芸会や軍隊の毎年の点呼などに村民が集まる。点呼の際は関係者は誰もこれから免れることは許されないし、服装も学校の制服のように強く規定されている。村の主婦たちは愛国婦人会の白いエプロンに、たすき掛けで、軍人に接待する。強力な「国家政策」の講演が、兵隊や主婦やさらには学童らにもきかされ、こうして村は一年に一度挙げて戦争へと注意が向けられる。各教室にはアジアの主要諸国にくらべてきわめて狭い土地として、赤色に彩られた日本を示す世界地図やアジア地図があり、満洲国は桃色に塗られてあるが、その面積さえたいして大きくない。完全に自然な方法で、村民たちは地図のうえから支那の一隅を日本が如何に巧みに支配しているかに気付くのである。また他国にくらべて、日本の軍事力の小さいことを強調する各国との比較の図表が掛けてあり、地図や図表から、日本が拡大されていくことが如何に本来的に必然なことであるかを、村民や児童に説明している。

学校と役場とは太陽暦を採用して、日曜日を休日としているが、村民は旧暦に従い、日曜でも休まない。農業は季節に密接に規制されていて、昔からの祭日はこれによって適当な季節の時に行われるが、新しい農業活動と一致しない祭については、旧暦は廃止されつつある。この正規の村の統一機構に加えて、部落民全体を集合させ、村の大きな組織の一員として、意識させる偶発的事情もある。役場や学校などの公共建造物の落成式には村全体が参加し、橋の竣功式には、村の中で最年長者が㉕渡り初めをするなどはこの例である。

11　人口と人口移動

須恵村は戸数二八五戸人口一六六三、その内訳は男七八八、女八七五である。[26] 著者が集めた資料による統計表では、この半分を少し超えて一五二戸九二六人であるが、これは上の二つの表に含まれた七部落のものである。過去の数年間は、総人口に大差はなかった。死亡数を超える出生は流出によって増加が解消された。人口の移動は、山の部落五ッ木と四浦とから、南の深田と須恵村への流入として現われた。貧困なための離村は、福岡県の鉱山とか八幡製鉄所にいき、紡績工場の女工や女中の出稼ぎ、もしくは花柳街に売られていくところは、大都市とか近隣の町とかである。

次の表は過去十年間の人口の動態を示す。それは村の過剰人口は少なくともある程度までは、移住によって解決されてきたこと、また湯ノ原はこの間五軒の家族が新たに定住して急増したこと。この外に村は八乃至五の移入より移出人口の超過したことを示している。生活安定者は移動しない。転入人口は大抵土をもたない貧困者か店屋かであって、ここはいいところと聞いてきたのであった。須恵村にきて成功すれば、土地を買い永住しようとするが、多くは数年ほどいて、しっかりした地盤を築かないで移っていく。また下男に働きにきた男が、定着して家族をもとうとすることも時にみられる。移出人口は、普通は貧困者の不平家である。部落の全人口は九百以上で、これに対して十年間の出入

1925～35年の10年間における須恵村の人口出入表

部落	新移入家族	住所変更家族	移出人口（個人別） 都市へ 男	都市へ 女	鉱山へ 男	鉱山へ 女	満州へ 男	満州へ 女	教員になって 男	教員になって 女	行先地不明 男	行先地不明 女
川瀬（水田）	2	3	1	1	1	1	2	—	—	—	2	—
中島（水田）	2	2	—	2	—	—	—	—	1	—	—	—
上手（丘陵）	—	2	—	—	2	1	—	—	—	—	—	—
今村（〃）	1	3	2	2	—	—	—	—	—	—	1	—
覚井{丘陵 一商店}	2	4	4	—	—	—	—	—	1	—	1	—
湯ノ原（丘陵一新）	5	1	—	—	—	—	—	—	—	—	—	—
平山（山）	1	1	—	—	—	—	—	—	—	—	—	—
総計	13	16	7	5	4	2	2	—	2	—	4	—

注　表は，一時的移動は含まない。村内の部落間の移動は入らない。

人口数は約一四〇、そのうち六〇は結婚や養子のためで、唯、七五かそこらがこの期間の真の移動である。移入人口——近隣の村からの結婚、養子によるものは別として——は五ツ木付近の村、天草島下益城郡や八代地方からの人である（次の表）。須恵村からアメリカへの移民はない。

上の表では奉公人、兵隊、学生などの一年ないし三年位の一時的移入は示していない。69頁の一時的出入人口表は別に七部落のこれを示したものである。下男が下女の数を約三対一の割で超過しているのは注意される。この表で興味あるのは、平山には須恵村の他の部落から雇い人は一人も行かないということである。これは平山が他部落の人には荒地、山地であると考えられており、他方では平山の人の眼に他部落

須恵村の村外生れ戸主の出生地（1936年に於ける）

部　落	球磨郡	熊本県	九　州	九州以外	計
川瀬（水田）	—	2	—	—	2
中島（〃）	3	3	1（宮　崎）	—	7
上手（丘陵）	2	1	1（鹿児島）	—	4
今村（〃）	1	2	1（鹿児島）	—	4
覚井{丘陵一商店}	4	6	3{宮崎・福岡・長崎}	—	13
湯ノ原（丘陵一新）	4	3	1（宮　崎）	2{和歌山 徳島}	10
平山（山村）	1	—	4{福岡・鹿児島2・大分}	—	5
総　計	15	17	11	2	45

落民は良き働き手として映らないとされるためである。それで外の部落からの奉公人は北の山村の四浦と東の片田舎の多良木から来ている。

それから部落の親戚関係の広がりにちなむ重要な要素は、部落出入の結婚および養子縁組についての通婚圏である。或る部落の家はその村の他の部落と関係があるばかりでなく、大抵の隣村にも親戚関係をもつわけである。

70頁の表は須恵村における妻と養子の実家の場所を示す。山の部落である平山は、結婚の五〇パーセントが部落内婚であるが、他部落はすべて部落外婚への極めて著しい傾向を示している。そしてたまたまここに見られる部落内婚の実際も大抵の場合は、村への移入者との結婚、未亡人あるいは離婚した女の再婚、また自由結婚というような特別の事例である。

一時的移出入人口――雇人・学生・兵隊

部落	農業及び家庭の雇人										学生と兵隊		村から一時的移出	
	同一部落		部落内へ				部落から							
			他の部落から		他の村から		他の部落へ		他の村へ					
	男	女	男	女	男	女	男	女	男	女	男	女	男	女
川瀬（水田）	—	—	5	—	9	—	—	—	—	1	3	1	3	2
中島（〃）	3	—	4	2	3	1	1	—	—	1	2	—	2	1
上手（丘陵）	—	1	1	—	2	1	2	3	3	1	—	—	3	1
今村（〃）	—	1	2	1	5	—	2	—	—	1	2	—	2	1
覚井｛丘陵　一商店｝	—	—	—	3	4	—	4	—	1	—	2	—	3	—
湯原｛丘陵　一新｝	—	—	—	—	—	—	4	3	—	3	—	—	—	3
平山（山村）	1	—	—	—	3	3	2	1	—	—	2	—	2	—
計	4	2	12	6	26	5	15	7	4	7	11	1	15	8

村全体としても相当に村外婚が行われ、(平山を除いて) 総婚姻数の二〇何パーセントだけが村内婚であるにすぎない。残りの七〇何パーセントのうち微細な部分を除いてすべては須恵村から十五哩と離れていない球磨郡内部である。この嫁と養子が郡外からくる稀な事例として、熊本県や宮崎県(球磨から遠くても百マイル隔っている)より遠方からのはない。この比較的に遠距離の通婚は、そこに住む須恵村の親戚に仲介されたものである。ある部落内の数人の婦人は、同じ人から嫁してきているのがあり、三人の姉妹が一部落に相次いで嫁にきたという極端な例もある。たとえば川瀬では妻は多良木地区から、今村は黒肥地から、上手と覚井は深田から、平山は四浦からくる

の 出 生 地

他の村から 南方へ 免田a (スヰ村の隣) M	A	久米 (一村を除く) M	A	岡原 (一村を除く) M	A	上村 (一村を除く) M	A	西方へ 深田 (スヰ村の隣) M	A	木上 (一村を除く) M	A	二村以上を除いた場所 M	A	合計 M	A	球磨郡以外の地から M	A
—	1	—	—	2	—	1	1	—	3	1	—	—	—	12	9	—	—
4	1	1	—	2	—	—	—	2	—	1	—	—	—	16	2	1	1
1	—	—	—	—	—	—	2	5	♀ 1	1	—	—	—	14	7	—	—
2	—	—	—	2	—	—	—	2	1	—	—	1	—	18	6	—	—
1	—	1	1	—	—	1	—	4	—	1	—	3	1	15	6	1	—
—	—	1	—	1	—	—	—	—	—	—	—	—	—	2	—	1	—
1	—	—	—	—	—	—	—	3	—	—	—	—	—	11	5	1	—
9	2	3	1	7	—	2	3	16	5	4	—	4	1	88	35	4	1

♀ 女
f 姉の養女となった妹
i 来住民と結婚した人
j 準養ノ子，即ち兄の養子となった弟
x 湯原の家，しかし久米で生れた
y 総計は上述の如き特例を除いたもの

嫁と養子

部落	同一部落から		須恵村の他の部落から		球磨郡の 北方へ 四浦（スヰ村の隣）		五ツ木（一村を除く）		東方へ 多良木[a]（スヰ村の隣）		黒肥地（一村を除く）		水上（二村を除く）		湯ノ前（二村を除く）	
	M	A	M	A	M	A	M	A	M	A	M	A	M	A	M	A
川瀬（水田）	2[i]	2[jb]	10	2	1	—	—	4	6	—	1	—	—	—	—	—
中島（〃）	2[i]	4[bjf]	8	8	1	—	1	1	3	—	1	—	—	—	—	—
上手（丘陵）	5[icd]	1	4[i]	—	3	1	—	3	3	—	—	—	—	—	1	—
今村（〃）	2[ii]	2	4	1	—	—	1	4	4	—	5	—	1	—	—	1
覚井（丘陵一商店）	—	—	3[i]	1	—	—	1	2	1	1	—	—	1	1	1	—
湯ノ原（丘陵一新）	1[x]	—	—	—	—	—	—	—	—	—	—	—	—	—	—	—
平山（山村）	10[i]	4[j]	1	—	5	4	—	1	—	—	2	—	—	—	—	—
合計	12[y]	7[y]	28[y]	12	10	5	3	15	17	1	9	—	2	1	2	1

注　M＝結婚により入った婦人
　　A＝養子，養女は別に示す
　　a　都市的中心地である
　　b　庶　子
　　c　自由結婚
　　d　婚離婚した女

のがもっとも多い。全体の例からみれば、好まれる地域は村外でその部落に一番近接している地域である。これはいくらかは最初の結婚ののちに、須恵村の部落の家族とこの外部の村とのあいだに、社会的関係が形成され、その後の結婚を容易にすることの結果であろう。同じ理由で、部落の娘とこの同じ外部の村の息子との結婚の成立も容易である。この結果しばしば二つの共同体の間の婦人のやりとりの系譜をたどることができるわけである。この親戚関係は、時に従弟ぞいの習慣によってさらに強化される場合[27]もある。

須恵村に現在住んでいる男は主にこの村の生れであるが、妻は殆んどすべて外部からのものである。この結婚状態は、部落の社会生活を種々の方面に作用している。婦人たちは互いに親しくなく、同年会や子供時代からの友情を結合する機会もない。この問題は第四章で述べるであろう。平山では村外からの雇い人はまずいないと同じに、平山の花嫁は須恵村の他の部落からはあまり来ないで、むしろ平山自体からでなければ隣りの四浦村からくる。新世帯を作ろうとして来村した普通の転入者はいつでも遠方からのものであり、湯ノ原に移ってきた人は、九州以外の地域からきているのである。

12　村民の生活領域の変遷

須恵村の住民の生活領域は、何にもまして彼自身の家庭である。家族のものとともに食事し、眠り、また労苦と楽しみとを分かち合う場であり、稲作、養蚕および祖先崇拝をともに協同して営むのも単位としての家庭である。第二の親密なグループは彼が一員として生活し近隣と協同して田植えをやる「部落」或いは、「組」である。部落の各人は互いに熟知の間柄であり、男は大抵その部落生れの者である。部落は種々の団体活動によって結合されている。次のより大きい交際の領域は近隣の部落――時には隣り村――からなる。これらの連結関係はすべて人格的なものであり皆は顔見知りである。村民のさらに広範囲なのは近くの町との交際関係である。町の人とは毎日顔を見合わすのではなく時たまであり、知人も少ない。普通、町に行く機会は祭の時ぐらいである。農民は農作物を売りに行ったり、器具や材料を買い入れに行ったりして、関係は相当経済的となる。かくて町の人との接触は一層非人格的なものとなり、この結果は、部落や村の祭礼における関係は農民が祭りの一部を受けもち、村の一人であると云う意識をもっているのにくらべて、町の祭礼に出かけることは、休日の旅行という性格をもち、娯楽を求める見物人としてゆくのである。

けれどもずっと親しい外面的関係が、婚姻関係を通じて結ばれた他の部落や村の人々のあいだにみられる。これらの人々は、町よりはむしろ他の村にいるのであって、冠婚葬祭にはいつも家族の延長のように一団となって働いてくれる。部落間および村落間の関係は多分百年前と今日とはあまり変っていないであろうが、町との関係は、商業の中心地として重要性を増した町に、鉄道が開通したためまた手軽に行ける自転車が普及したために、非常に密接になった。

十二マイル離れた人吉の町との関係はむしろ珍しい。農民は一年に一回人吉を訪ねることもないが、役場の吏員、店屋、あるいは富農は商売のことで、ときおり人吉、さらには熊本にまで出かける。以前は人吉にいくのは一日がかりであったが、今日ではバスで四十五分で行ける。一日二、三人が須恵村からバスに乗る。

熊本より向うの方とは直接関係はない。東京の事情は新聞や噂で知るばかりだ。経済的、政治的情勢は村役場や町や熊本から知らされる。例外的には兵隊にとられたものは熊本や台湾、満洲から帰還してくると、村民の知識を拡げる一つの役割をなした。また娘は工場に働きに出たり芸者になるものがあったり、ときには青年が都会に働きに行き、そこから手紙を書いて須恵村に連絡する。魚屋や町の商店の丁稚などの行商人や免田からの郵便配達人から、ニュースを聞くこともできる。学校では一年に一度上級生は熊本や鹿児島に修学旅行にゆくが、父兄は旅行の機会もないだろうとの考えから大いに奨励する。新聞は近年になって村に来たし、十軒に一戸の割で予約購読され、免田の書店から少年が配達にくる。新聞よりは「家の光」の方が多くの家で読まれている。[28]

一九三五年に、球磨の農民は世界不況を強く意識した。米国の不景気の結果、生糸の価格が暴落し、そのため農民の収入は大きく影響をうけ、部落生活に重要な宴会や祭礼を取り止めたり、切り詰めたりした。この地方では生糸は副業の産物であるが、現金収入の第一の源であり、子弟を上級学校にやれるのもここからであった。生糸価格の暴落は、会社の代理部から村の生糸組合の人々に説明されたが、なかには法外な話もあり、アメリカの婦人は怠け者で靴下は洗濯しない、今では汚れるとすぐに捨てられる安価な人絹のを買うだけだとも告げられたりした。生糸を通じて、日本のあらゆる人は世界市場に連結している。それで須恵村では米は重要産物であり、主要な生活手段であるが、村が裕福になるか否かを決定するのは、生糸の価格である。

貨幣経済の農村への侵入に、大いに関係するのは、絹織物会社から繭の生産者に支払われる現金である。会社の代理部は恰も稲作地帯の米仲買い人と同様に村と世界との間の生糸の仲介人の役をなしている。

絹織業の他の特色は、村から十六、七歳の娘を募集して紡績工場に出稼ぎさすことである。数年間は都会へ出稼ぎに行ってから、村に帰って結婚する。彼女らは帰村しても、村では面白くなく、都会生活を渇望し、たとえ帰って来ても、もう前のように農村的でなくなっている。

国家の一員であるという観念は、近年のことである。昔は忠誠をつくすことが「武士」の本領であり、それがしだいに封建領主に対する徳目となっていた。ところが今日では学校は地方に対してよりも、日本および天皇に対する忠義を強調し、この趨勢は、さらに村の神社や、時々村に講演にくる官吏を通じて促進されている。概していえば、村民の人的接触、それから部落外の世界知識の領域は三十年前にくらべて、著しく拡大していて、徳川時代のような孤立性――農民はその出生地に縛られ自分の村の外の如何なる生活も知らされなかったし経験ももたなかった――はすでにみられない。今日では出生地が球磨でなく外部の地域からの家族も若干はおり、須恵村から転出して行く人も多い。生糸の価格を通じて、村は世界を知りつつある。㉙

⑳ 須恵村では娘は三、四軒の貧困な家庭から芸者になっている。
㉑ 詳細なことは附録第二表参照。
㉒ 一町歩は二・四エーカーに当る。
㉓ 一九三六年には村役場に電話が新設された。産業組合が使用するためであった。
㉔ 部落によっては「村」の産業組合がないのに、地方の「小組合」があることがある。
㉕ この特殊な慣習は、明らかに中国農村の慣行と同一である。(J. H. Gray, China, 〔London 1878〕 I, 104 参照)
㉖ 一九三三年の村役場統計書
㉗ 同じことが養子縁組についてもいえる。養子の実家は五ッ木と深田であり、また平山の場合は四浦である。
㉘ 婦人雑誌「富士」、「主婦の友」は都会では読まれるが、農村では読者はずっと少ない。
㉙ 一九三七年以後には日華事変が村の生活には同じ影響をもっている。

第三章　家族と世帯

1　家族と養子縁組

部落生活の基礎的な社会単位は世帯である。この世帯には小家族、隠居した祖父母、それに家事や農事の手伝いをする一人か、二人かの奉公人を含んでいる。部落の大きさは、人口数でなく世帯数で計られる。とくに部落に葬式や橋の建設のような協同事業があると、頭割りでなく世帯割りでなされる。家の人とか物とかは、「うちの」という形容詞をつけてよばれる。たとえばうちの母、うちの自転車という風に。

小家族は主人・妻・長男（実子または養子の）夫婦と、主人の未婚の子供および長男の子供（実のまたは養子の）とから成っているが、一層広い意味の家族は家に住んでいない者もふくみ、戸主の兄弟、そのうえに結婚したり養子にでて世帯をはなれた主人の子供もはいる。この広い意味の家族は、結婚式や葬式に集まってくる。そのうち近くに住んでいるものは、屋根葺きや家の建築のときは互いに手助けをする。小家族と同居するのは隠居の老父母、若い未婚の兄弟や夫と別れた姉妹で、ともに世帯に入れられて、同じく「うちの」ものとよばれている。

裕福な家族には、村内や他村出身の下男や女中が使われる。奉公人は、主人や妻の甥や姪のこともある。年雇いであり俸給は米の俵で、その両親に払われる。いつでも彼等は、家族と一緒に食事をし、また田畑で家族と並んで働き、世帯のなかに入っている。下男が家の娘と一緒に数ヶ月間働いたのちに、意外にも妊娠の事実が起きることもまれではない。このようにしていろんな方法で雇い人は、家族の生活のなかに入れられる。小家族に加えるのに、同じ家庭に生活する親類や奉公人を入れて、世帯の単位にふくめるのである。

この世帯という社会単位内では、戸主の発言は法であり、彼の決するところ、世帯員はこれを実行せねばならない。彼は一番に風呂に入り、第一に食物や焼酎を受け、囲炉裏のふちの特別の席——横座——をしめる。すべて農業収入は、戸主に渡される。戸主は世帯員に適当と思うように分配する。主として婦人の仕事である養蚕の収入でさえも戸主に納められる。しかし他方では誰でも主人の代理をすることができる。だから道路修理の様な部落事業には、息子や妻や雇い人も行けるのである。妻は必要に応じて金を渡され、雇い人には順番に正月や盆に新しい着物を買ってやる。雇人が休みをとって祭りに行くとき、主人は小使銭を与える。息子が金が欲しいときは請求するが、養子や嫁ならば直接には頼めない。良い戸主であれば、事情を明察して与えるだろう。養子とその家族とのあいだに、時として摩擦がおきるのは、まさしくこの金の使用についてである。たまにではあるが、養子の離縁や離婚の原因は大抵これである。

娘を芸者や売春婦に売るのは、父親の権利である。最近の法は娘の同意を必要とするが、娘は同意を拒否する地位にはない。最近の法は妻の私有財産を認めたけれども、それは夫の負債をつぐのうものでしかない。妻を離婚して彼の財産を女の名儀に直し、自身は無一文になるので、債権者は債務とりたてを妨げられる。しばらくして夫はふたたびその妻と婚姻するわけである。

イ　養子縁組

日本では幾百年このかた家の名というものが、きわめて重要であった。穂積氏は「祖先祭祀と日本法律」で日本の社会組織のこの特色について述べている（訳者註）。家名の尊重と祖先の系図の重要性は、六―七世紀に儒教とともに日本に入り、それによって非常に強化された。

息子がない場合の家名存続と家系尊重とについての問題は、養子縁組によって解決されている。[1]息子に対する実際的な要請は、家で仕事をして老後をみてくれることである。夫婦のあいだに子どものないとき、よく養子が迎えられる。親類の少女の場合もある。また子どもが女ばかりならば、男の子を養子として迎えて、あとで娘に娶合わせる。もしくは娘の適齢期になってから、夫を迎えるのもある。現に息子があっても病弱であるとか、娘でも他家へ嫁がせたくないときには、養子を迎えることもある。須恵村には子供のない夫婦が相当に多いので、養子縁組はあたりまえになっている。

誰が養子になるかといえば、通常は次、三男が多い。それが適齢期であれば、分家をすることもある。さらに興味ふかいこれの変形は「準養子」、つまり子供のない人は、十五から二〇歳くらい下の弟を養子にしていく形であって、末弟が長兄の家でその息子として一緒に住むようになる。長男が養子に出ることはめったにない。貧困のためとか、親交のある場合には出る異例もあるが、このときは元の姓を名のり、その子ども分になって養子先の姓をひきつぐ。系図には長男が養子として出たことが時たま記されているのをみるが、実のところこれは、母親が結婚前に他の男とのあいだにもうけた私生児であることがわかる。養子になれば養親の姓を名のり、同居して相続人になる。花嫁と同じく養子も夫も、この家の宗派に帰依する。家の祖先を敬うために、養子を迎えたのであるから。

養子縁組にはことさら儀式めいたものはないが、慣例として実父と養父との二人が酒盃をやりとりする。法律的には戸籍簿に記録されて養父の戸籍に入るが、花嫁と実家との関係と同じに、結婚式や葬式のほか火事や洪水にはよび出される。養子縁組でも結婚の場合みたいに、解消されることがときおりある。それで戸籍上の不必要の手続きをはぶくために、養子縁組しても、すぐには届出をしない。一年かそこら試験的な取決めである。

養子は実子の権利をすべて保有する。しかし通常は養子に出ることが、とくに好まれるのではない。ある種の緊張は当然でてくる。まず金銭問題があるし、それから異った家風に適合していく困難がともなう。このために十八―二〇歳の者よりも、十―十二歳の少年を養子にする方がよいと考えられている。人口移動に関連して、多くの養子が須恵村の北の五ッ木からくることが、認められるのは興味ある事実であろう。五ッ木の次男が、雇い人として須恵村にきてから養子になったり、分家を立てたりする。

家族制度は形式的には父系制であるが、養子縁組の習慣によって、実際には時として母系制のこともある。相続は観念的には主人から長男へ行われる。もしこれが不可能であるならば、長男の位置は養子とか、養子の結婚によって設定されねばならない。

ロ　名　前

明治以前には、普通の農民に家の姓がなかった。名によってよばれ、それもどうかすると、住んでいるところの地名、たとえば「イワオ」または「上手のイワオ」という風によばれた。この習慣は今日でも村民のあいだにあって、姓を思い出さないことがあっても、そのひとの名とか、その住んでいる人とかは、いつでもよく知っている。

現在のところ、ある部落には、同一の姓が多数ある。けれどもこれには親類関係が認められるとは限らない。「平山」にはことさらいちじるしくて、「平田」と「平野」というふたつの姓が二五家族のうち、二〇もしめているほどである。ほかの「部落」にも同じ例があってこの現象についてのひとつの説明は、明治維新以後に、多くの農民は同じ姓を名のったということである。それにしてもどうしてそのようにしたのか、調べてみても明瞭でない。これらの同じ姓名のグループのいくつかは宗教儀

式に関係がある。(第七章参照)

一般の家庭生活では、子供との関係によってよび名がつけられている。その父や祖父は「とっつあん」とか「じいさん」とか、その母や祖母は「かかさん」、「おばあさん」とかよばれる。夫婦も互に同じ方法でよび合っている。「あなた」というのは、特別なことばめいていて、日常会話にはあまり用いない。若い恋人たちは、新婚夫婦がよび合うのと同じに、このことばを用いている。どうかすると名前をちっともいわないで、「向いのおばあさん」というように使われることがある。人の前で自分の名をいわれることを、非常にてれくさがるひとがある。

ハ　親　友

名付け祝いとか結婚式、葬式のような家の事柄に関係して来る親類の者に加えて、誰でも親友をもっている。災難のときに助けあったり、葬式に来てくれるので親戚のような深い「つきあい」をしている。

ニ　年　齢

社会一般にも、家族内においても、年齢は重視される。男の場合はとくにはっきりしていて、同じ年齢の者は、「同年」と呼ばれて親しく交り、「いとこ」は兄弟よりも親しい友人であるということになっている。血縁関係は世代に重要性を反映するが、性には重要性がない。このようにして、姉を「ねえさん」、妹「いもうと」、兄を「にいさん」、弟を「おとうと」とよぶ。年齢の要素はまた「準養子」の習慣にも現われる。

もっともつらい仕事は、「青年」とよばれる十八歳から四〇歳までの年齢の男がする。四〇歳から六〇歳までの男は多くの仕事にたずさわるが、一方「青年」に対する助言者としてふるまい、ぬしどうりとともに、すべて部落の問題を指導し、決定する。

長男であるということは幸運なのである。長男は家の戸主権とそれに附随した社会的地位ばかりか、物質的財産までともに相続する。しかし次男にも利点がある。裕福な家族ならば、長男よりもさらに教育を受けさせる。長男は須恵村にとどまって、父の財産と名前とを相続しなければならないが、次男は町に移住したり、あるいは他の職業を選ぶこともできる。女の子はあまり欲しがられない。運命のもたらすどういう家庭でも甘受せねばならない。しかし次男とちがって、結婚によってより高い社会的身分の家庭に入る機会もある。最初に生れた子が娘であれば、「都合が好い。次に男の子が生れれば、子守になってくれる」といわれる。妻はそのほとんどが部落外のものだし、男は部落生れのものである。このことは一緒に成長し、一緒に学校に行った男たちの「同年」の結合の強さと、十八歳前は大抵は互いに未知の間柄であった女たちの弱点をある程度は説明する。

「いとこ同志」の結婚もしばしばある。もっともこれは、生物学的に害があるという疑わしい学説のために、教育のある人々には避けられている。そのいとこは男の兄弟の子どもであることが多い。このことは村における男たちの団結の強さと、女どうしのそれの弱さを反映するものである。兄弟は姉妹よりも、同じ「村」にいる傾向があり、それに家庭内の諸問題を事実上決定するのは世帯主であり、このようにして二人の兄弟で、子供の結婚を取り決めるのは、姉妹のあいだで進めるよりも、一層容易である。女には夫を説きつけなければならない困難もあるからである。寡婦は通例として再婚するが、亡夫の弟と再婚する場合がある。それと同じに男やもめは、先妻の妹と結婚することがある。また私生児をもつ女は、男やもめと結婚している。

2 世

須恵村の農家は、単に風水をしのぐ避難所以上のものである。家族全員が一緒にすみ、その仏壇のなかには先祖の霊がやどっており、煤けた台所の隅には、家の福の神の恵比須と大黒とが、また炊事場や井戸、便所にも家の神[2]がいる。家には都会にない古さや特徴があり、家は村の重要な物とすべて同じに、「部落」の人々の協同作業によってできた結実である。

普通の家は一階建の藁葺きである。木の扉は夜分になって閉められる。泥棒に対しての防禦のためであるが、実際にはそれもきわめて形式的で、ただ明けっ放しにしない程度のものである。

農家には、およそ三つの部屋がある。そのうち「台所」は使用率の多い部屋である。このほぼ中央のところに、四角にきった「いろり」があって、たまさか訪問者があれば、主婦によって茶をもてなされる場所であり、ここにまた家のものどもがつどうのである。一番良い部屋は「座敷」といわれて、最もいい敷物があてがわれ（質の悪い敷物は台所にある）、「仏壇」と「床の間」とがある。床の間のそばに書棚が置かれる。家の宝物、とくに古い家族の写真が床の間に飾ってある。宴会には、正客が床の間のまえに席を占める。二人の客が互いに相手にこの上座に坐るように、丁寧にすすめ合ったりする。

これらの部屋のほかに種々の寝室とか、汚い板の間の炊事場などがあり、家のうす暗い隅にある。食べたり寝たりするのに、床《とこ》が使われるので、家の中にはめぼしい家具は置いてない。座ぶとんは客の接待のために用いられる。時たま戸主のために、囲炉裏のまえに敷かれることもある。戸主は妻とともに座敷で寝る。子どもがあれば母が赤ん坊と寝るし、戸主は幼い子と寝る。大きな子どもは一緒に「寝間」か「台所」で、また祖父母は普通分かれて、それぞれ一人か二人かの孫をつれて寝ている。新婚の夫婦であれば、はなれの部屋に寝室をもつのが通例である。大きな家では、小さなはなれの寝間に女中をおくが、小さな家では女中は子どもたちと寝る。夏には蚊帳が少ないために寝る配置が変えられ、みんなは、幾はりかの蚊帳に入って寝る。

どの部屋にも外部と仕切る「障子」がある。それで離れの部屋でひとり寝をしている女中は、家のほかのものに知られないでたやすく若い男と近づける。床には六尺に三尺の畳が敷いてあり、中に入る前に履き物を脱がねばならない。家の中の器物や道具は殆んどすべて——畳、引き戸、部屋の配置さえも、一定のものに標準化されている。

母屋をとりまいて、数個の離れた建物――納屋、風呂場、便所、薪小屋や戸外の窯――などがあり、金持ちの家にはそのほかに米の貯蔵所がある。風呂は毎夕五時ごろ、薪でわかされる。手近な井戸からバケツで運ぶ水を浴槽に満たして、それを熱くするのは女の仕事であるが、相当な作業量である。薪にしてもかなり要る。それでどの家にも風呂はあるにはあるけれども、普通はどこかで風呂を焚くというようにして、風呂にともなう労働と費用とを循環させることになっている。晩の風呂は家のくらし、ことに女の生活に重要な役割を果たしている。男どもが入浴したあとで女は入るが、幼い子供が一人でも二人でもあれば、みな一緒に浴室に入る。この毎晩の親密な結びつきが、家庭の母と子との強靱な社会的紐帯をかたちづくるのである。女は家では単に小さな形式だけの地位しかないが、母と子との関係はきわめて情緒的な結合があり、母に抱かれて一緒に寝たり、母と風呂に入ったりして、幼い時に築かれた少年の絆は後ほど家長として社会的組織を経験するようになっても、決して失われるものではない。時に二、三人の女が一緒になって入浴して、気持ちよく話しあって、近隣の三、四軒の主婦のあいだの関係を緊密に保つのに役立たせており、またほかの「村」に生れたために欠けている社会的紐帯を、つくり上げていく助けともなってくる。

庭は家と同じに日常生活にとって大切なものである。この平坦な空地は、家族が穀物を陽に乾燥させるところであり、またながい農閑期には、ここに坐って夫は籠をつくり、妻は繭を繰ったりする。また髪油をつくる胡桃をつぶしたり、茶の葉を干しひろげたり、女達にとって快適な仕事場でもある。

また花をうえ、野菜をつくって、家の神に供える花や、家族の味噌汁の材料がつくられる。家や離れ屋、付近の果樹、庭、養魚地や野菜用地をもふくめて、その土地は「やしき」とよばれて、正規の農地と異なった税率が課せられている。

「祈禱師」の意見にしたがって、農家は一般に南向きである。納屋や離れ屋はみな南向きか、あるいは母屋の方に向いている。それは作物の屑や家畜の小屋が住居の北部つまり、「上座」に当るので不体裁だと思われているからである。

火はいつも危険なものとされ、家ではこの危険を最小限にとどめるように工夫されている。風呂場は普通、母屋から庭を隔ててあるので、晩の入浴に薪がくべられても、危険のないようになっている。炊事場は土間であり、竈は外の壁の傍らの畳敷きから離れたところに置いてある。ところで本当に危険なのは、「いろり」である。これは火災の原因としてよりも、赤ん坊にとっては実に危険なものであって、そこに落ち込むと手や足をやけどが嵩じて失うこともある。

稲作「部落」では、どの家もやや接近しているので、家で起っていることは、隣りに内緒にしておけない。「丘陵」部落でさえも、集落は塊状をなしていて、ときには親類同志が集まって立地する。これらの世帯の群はひとつの井戸を使い、共同して髪油を搾ったり、田植えには労力を交換しあったり、互に交代に風呂を使ったりしている。通常には「組」とよばれている小さな共同作業の単位をつくるのは、此のような家の群である。接近して住んでいるので孤立性はなく、世論が強く作用して、各部落の生活を特徴づけ、その社会的統合を強めもし、補いもするように、地理的単位を与えている。家は村の生活のどんなほかの様相よりも、その構造だけは変わらないままに残っている。幾世紀もたったと推定できるものもある。土間である台所の差し掛け屋根だとか、便所や風呂場が離れてあるといったような家の基本的な形態は、衛生上の点からいっても実質的であろう。

日常の生活様式としては、家族が朝食・昼食・夕食を共にし、晩には囲炉裏のまわりにみなが坐る。彼等が仕事中、たとえば収穫のようなことには、家族みなで働くけれども、どうかすると女が養蚕をやったり洗濯したり、男は木炭を焼いたりする。世帯のものはみな、食事や作業や睡眠には一緒であるが、公のところでの行動にくらべるといちじるしく対蹠的である。夫婦でもつれだって、話しながら町を歩くことなどは、決して見られない。夫はひとりか男のグループづれで出かけるし、妻の方もひとりでか他の女の人たちとかたまっていく。部落の仕事とか会合というような部落の行事には、主人とか妻とか息子とかあるいは娘とかがいくけれども、二人でいくことはあまりない。兄弟と姉妹とでは外で一緒にいることも決してない。しかしながら夫と妻とは、結婚式・葬式というきわめて家族的な事柄には普通一緒にくる。がここでも夫婦は室の反対側に分かれて着席する。

世帯は主として女の領域である。ここで彼女は一生の大半を過ごし、日常茶飯の家事をいとなむ。家は女のつくった料理の饗応の場であり、村のゴシップの多くは、台所や戸口からひろがる。主婦と嫁とは日ごと味噌汁をしつらえ御飯を炊く。ただ御飯を炊くことそのことは、主婦にとってもっともむづかしい仕事の一つであることも事実だ。男達はたまさかこころみても全く失敗する。

衣服を仕立てたり繕ったりするのは、女のうけもつ仕事である。男の羽二重の結婚衣裳はその母や姉妹が家で織る。繕いものは妻とか女の子とかがする。

女の「着物」とか仕事着や学生服は、仕立屋や「おはり」のつくるものもある。着物はすべて標準化されている。須恵村では急速に流行が変わらない。それに着物の型はとても多種多様である。仕事着や会合向きのもの、青年や老人、または男と女、冬と夏とでも、衣服が違う。といっても新たに入ってきた洋服をのぞけば、すべていつでも帯を結ぶ「着物」の型である。以前には農民が奢侈禁止令によって美しい絹の着物をまとうことを禁ぜられていたが、もう今日では衣服の種類を制限するものは、ただ習慣と財布の具合だけである。

学童や教師は、単調な制服を着、また店屋や村役場の吏員も、夏ならば洋服を着る。女も夏はアッパッパを時々着るが、休日や村の行事のときには、もとの着物にかえる。長い袖と長い裾をもった「着物」は、家具のない日本の家のなかの生活には良く適っている。男でも学校とか村役場とかのような洋式建物で仕事をする時には、やはりより実用的な洋服を着るわけである。

家族のものには、みなそれぞれ仕事の分担がある。老人は幼児の世話をし、また縄を編んだり、下駄を直したり、庭を掃除したり、簡単な手仕事をする。子供たちも何かと親の手伝いをし、時には背に赤ん坊を負ったりする。十五歳以上になれば、両親と一緒にきまった仕事をする。野良仕事は夫も妻も同等に働くから、農家の家庭では、女は店屋よりも比較的に高い地位にある。もし妻と一緒にやらないと、彼自身の収入や食物の貯えは危くなるからである。家族の一人々々が、自分自身のためではなく、家のために働き、たとい家を離れて出ていても、うまくいっていれば、家に金を送ることが期待せられる。この世帯の協同的統一性は、さまざまの関係に影響している。たとえば結婚においても、花嫁はこの上ない働き手であるばかりでなく、進んで実家を忘れて、彼女のすべての誠実を、夫の家に向けることが肝要なのである。それと同じに、養子の場合にもものごころついたばかりの少年とか、できれば親類から選ぶことが望まれている。

世帯は一つの単位であるので、家の者は「部落」の協同作業に家を代表するものである——単に戸主だけではない。部落の長と同じに、戸主は相談役とか指導者として行動し、彼が指揮者となっている団体の責任を負うのである。作業単位としての世帯は、このようにして基本的な協同的団体であり、ほかのすべての部落内の協同作業も、これら構成要素である世帯の団体に依存しているのである。世帯の統一性は、現在よりも以前にさかのぼるほど緊密であった。今日でも「商業部落」よりも比較して、「農業部落」の方が強い。(部落の協同作業については第四章にのべることにする)

多くの家内工業は、店で売っている工場製品に依存するようになった。かつて衣服はすべて家で織られたが、いまでは主婦たちが織物を免田の衣料品店でもとめている。もとは履き物や道具などの品にしても、自家生産されたが、今日では貨幣で購入されている。電気は「村」に非常な影響を与え、石油ランプが電球に、水力利用の米搗き機が電力のそれに代わった。電気の米搗き機械は多くの家では米を家で搗く代わりに、今度は本職の米屋に搗きに出す方が有利であるかぎり、家庭の活動に間接的に影響を与えるものであった。家内工業のこの変化によってもたらされた過分の余暇は、現に行われている重要な農業計画で取り上げられている実態よりもずっと大きいのである。工場製品を求めるために、換金作物や商店や田舎町への依存度が増加したことは、家庭経済の変化をうながす諸条件の補足的な要因である。

以前の選挙法では、一世帯について戸主が行使するわずか一票の投票権しかなかったが、一九二五年から二十五歳以上の男子に投票権があるようになった。同じに戸主だけが土地や財産を相続し、所有していたのに対し、今日では成人した男、ある場合には女でも独立して財産を所有することができる。こういう変化が現われたのは全く法律のうえからであるが、「部落」生活における実際の影響は殆んどみられない。けれどもこの変化は徐々に見られて、一、二の例では家族構成の分裂の基礎をなしている。

3　寄り合いと宴会

須恵村の農民には、重労働が山積している。この重労働は農民とその妻との手をごつごつ節くれだったものにし、顔を赤銅色にしてしまい、しかも非常に従順な忍耐心をいだかせるのである。だが土地を相手にする仕事は、機械相手のものと趣きが異なって、男はいつでも煙草をくわえて坐ってちょっと談笑もし、妻は赤ん坊に乳をふくませるのに、手を休めることもできる。土壌いじりの仕事は、また多産と性とを意識させ、農民はどこでもあけすけで飾り気のない気質をもっているが、日本の農民もこの例外ではない。歳時行事が一段落つくと、部落民や親類が集まって、愉快にたら腹飲食する機会がめぐまれる。村入りがあると、この人は部落に対して「見知り」の会を催し、離村する場合も、「部落」に「別れ」の会をする。子供の名付け式にも小さい御祝いがあり、三大行事の一つ、結婚式や葬式には手伝い人や親類のものはそれぞれの饗宴をはる。

村仕事は最後は宴会をもってうち上げることになっている。部落民がこぞって出て橋を架けたあとで宴会が催されるし、葬儀の準備がすんだあとでも酒宴がひらかれる。田植えや道路工事や家の建築や屋根の葺きかえがすんでも同じである。仕事をすませて風呂に入ってから、酒宴が始まる。どんな小さな儀式でもいつも結末には、しめくくりに酒が出る。こういった寄り合いは、通常誰かの家で開かれ、その準備には女手をわずらわすのである。多良木の魚屋で、村の主婦達と冗談をとばす仲間の男が料理仕事の手伝いとして呼ばれる。どの宴会でも、朝から準備が進められ、近所からとくに若い娘二、三人が手伝いに招かれる。何もしないで酒宴に出席するということはない。葬儀の場合のように手を貸すとか、送別会には何か贈物をしたりする。まず饗宴によばれた人のたずさえてくる贈り物は、御飯を詰めた小さな重箱と三合ほどの焼酎で風呂敷に包んで下げてくる。

客が家につくと、外で下駄をぬぎ「台所」に入ると、客は迎えるどの人――主人や、妻や、手伝いの娘――にも丁寧に頭を下げる。女の客は両手のひざの前の床について額がふれんばかりに、男は床の足もとに両手をついて彼の後頭部と首の後部が水平になるまで頭を下げる、それから女中か娘か妻が、茶盆に漬物か豆の皿を運んできて客の前に置き、軽く会釈をしてアルミの茶瓶からお茶を注ぐ。そして茶瓶をもって客のもとから離れる。客は他の客と「台所」で世間話をしてからお茶を飲む。あとで女の子が、その御盆を下げにやってくると、風呂敷包みの御飯や焼酎を渡す。すると彼女は驚いた風をしてお礼をいってから受けとり、仕度ができている「座敷」へ案内される。主人は客に正座の席を奨めるが、遠慮するようにして辞退し、上座でもなく末席でもない位置に坐る。社会的に高い地位にある村長ならば正座に、つぎには校長、それから村会議員や老人、若者、その末席に女たちが着く。席には箸、吸い物、さしみや猪口を載せたお盆が置いてあり、また色とりどりの料理や果物を美しくならべ詰めた「折り詰」が土産に出される。これは多良木の魚屋が用意したもので、宴会にだけ使われる深海魚も入っている。

客が全部うちそろうと、主婦が入ってきて御礼をして、「何も御座いませんが」と挨拶をする。主人は正座の客のまえに坐り、「がら」という口のついた壺から焼酎を盃につぎ酒を奨める。それから同じことを、つぎの客にくりかえしいって、座敷中を一巡する。大きな宴会には、近所の娘が酒や料理の御給仕にきて、主人が下座に移っていく時、彼にしたがって酌をする。盃のやりとりは好意の表現であって、盃が友情のしるしとしてまわってきたとき、それを拒む者はいない。結婚式の本質的部分も花嫁と花婿とのあいだおよび花嫁と花婿の父とのあいだのこのような盃のやりとりにある。同じことが養子と養父、親方とその新しい弟子、そのあいだの新しい社会的な結び付きのしるしに、盃がかわされる。のちほど他の客も主人がしたようにまわって、やがて席がみだれるようになる。主人の妻も時々やってきて客と盃をやりとりする。

飲酒を奨励するような遊びごとが多い。田舎では男だけでするが、町では芸者もやる。ひとつは三個の小石とか折れた割箸でやる当て（何個）をする遊びや、「じゃんけんぽん」の遊びなどがあり、このうちに「くまげん」という球磨地方特有の遊びもある。会合によっては男ばかりで催すのもあるが、時たま女も終りごろに仲間入りすることもある。焼酎がまわったころ「三味線」が入り、当家とか隣り近所の娘や、年輩の婦人が弾くのである。するとまもなく親しみは歌や踊りをともなって座が和やかになり、男も女も歌い座を立って踊る。その踊りは種蒔き――農家のもっともむづかしい疲れる仕事のひとつ――の仕草であったり、悲しい物語をなぞらえたり、また酔っぱらいのかえ歌もはいる。やがて踊りは慾情的な性格を帯びてきて、利口な主婦の踊りに加わり、好き勝手な歌詞に合せて、尻を前にぐいと出しながら踊る。男は杖を男根のしるしに用い、それを讃美した歌を唄う。こういった余興は集まった人々に爆笑の渦をまき起させる。特にいい踊りが終ると讃辞の盃がいただける。大人たちが酔い騒いでいるあいだ、子供たちは戸外で遊んでおり、踊りのあいまに主婦は坐って乳飲児に乳をやっている。

男達は心ゆくまで酒を呑み、そろそろ別れようと考えると、台所に行って囲炉裏に坐って御飯を食べる。これは酒を呑み終った事を表わす。客が食事をしているあいだに、女は彼の重箱と酒瓶を風呂敷でつつむ。重箱には宴会の席で、客が手をつけなかったものが入れられ、折り詰がつけたされる。

宴会がはてると、主婦は部屋のあとかたずけをする。皿は翌朝になって洗い、また宴会に借りてきたものは、幾何かの御礼ものをそえて返却される。近所の若い娘さんが宴会に手伝いに来たときは、翌日また掃除の手助けにくる。そして数日後、主婦は彼女の家を訪ねて手伝いの御礼に新しい履き物か着物を贈る。こういう宴会は酒に酔うが、おのずから親交を深める。酒盃のやりとりを通じて相互の友情がふかめられ、踊ったり唄ったりすることは、自分というものをはっきり知ってもらう望ましいチャンスを与えてくれる。宴会中喧嘩が起ることは殆んどない。そういったものは何時もけむたがられている人「やかましや」がひき起こすのである。

大部分の宴会は農閑期の冬に行われる。そうでないものは、田植えのような集団的な作業期がすんでから開かれる。とかく今日でも宴会が多いが、村の人びとは、「昔ほど回数が多かったし、ひと回り大きな宴会が催されたものだ」と口々にいっている。近年になってこの種の過度な浪費をやめるように、農業会を通じて役場や村長からいわれている。学校もまた新しい自覚を教えており、教育を受けた人びとは言語にも行動にも節度ができているようである。

4　民謡と踊り

須恵村では昔からの部落の「御堂」と同じく、歌い手みんなに親しまれている民謡は、村民の間に強い統一感情を起こさせる。これは伴奏にやる拍手によってさらに強められる。平凡な日常生活をおくっていると、自己を現わす機会も少ないが、宴会では自分を皆の前に表現したい衝動にかられる。みなのよく知っておるいつもやる踊りは、男にも女にもこの機会を与える。前述のような寄り合いや宴会のほかに、祝祭日も特別な歌と踊りで特色づけられてきた。これは日本の大部分の地方では概してお盆のときにみられる。しかし須恵村では盆踊りは廃れてしまい、ただ数人の老人達だけが地方の盆歌の幾節かを知っているにすぎない。東京のような都会においてそれが保存されているのは、少なくともいくぶんかは商業的な意味においてである。③

雨乞いのような場合には、各部落は以前には特異な衣裳の踊りと歌と儀式とをもっていたが、今日はこれらも大抵なくなっている。それでも新しい学校の開設や、村役場の新築のような大きな出来事があるときには、なお行われる。部落ごとに別々の踊りを準備し、祝日の期間中、踊りぬくのである。村の寄り合いには十七、八歳の若い少女たちが焼酎を注ぎ、なかの一人が三味線をひく。町の芸者も同じようにする。もっとも村では踊るのは中年の男女であって、彼女らはあまりにも羞しがりすぎる。若い女は、母が踊りに熱中していることについて何とも思っていない。須恵村で唄われる歌をここにいくつかあげてみよう。踊りと同じように、これらの歌はかなり古いものであることは明らかである。

語句は方言が入り歌い手によって少しずつ違うが、大衆的なものはみな一致している。だが音頭取りは風刺とユーモアをまぜて、自己流の語句をつけることもできる。日本の各地には地方的な民謡があるが、会合の席で唄われるのは、みんな知っているものばかりで事情に応じて加えたり変えられたりすることもある。あるものは景色の簡単な描写であり、あるものは感傷的な恋歌である。この地方にうけているのは六調子であって、これは須恵村の醸造家が商標に用いており、名がとおっているので酒もよく売れている。近頃の流行歌はあまり、村に入っていない。熊本に行ってきた青年が流行歌を覚えてきて、道で歌ったりすると、堂の子守たちはその歌をまねるし、会合の席でも新しい歌や踊りが盛んに要望されるけれども、それはほんの地方の古くなったものにすぎない。

球磨六調子④

一、球磨で一番
　葵さんの御門《ごもん》
　　ごもんごもんと
　前は蓮池　桜馬場
　　ヨイヤサ　コイササ

二、ここは西町《にしまち》
　越ゆれば出町
　　でまちでまちと
　出町越ゆれば　桜馬場
　　ヨイヤサ　コイササ

三、球磨と薩摩の　境の桜
　　さくらさくらと
　枝は薩摩に　根は球磨に
　　ヨイヤサ　コイササ

田舎の庄屋⑤

田舎床屋どの　城下見物　見やれヨイサ
　麻あさあさの袴　後どこ　前へ　ひっからげて
ごんぼずとやら　山芋ずとやら　シャックリ
シャックリ
しゃしゃめくところは　アラマ　しょうしゅな
虎げの犬が
　庄屋どん　しょうやどん　しょうやどん
　　うちかもして
ほえまわる　ヨイヤサ

恋人と飲む⑤

一杯とった　お焼酎を。黒じょつきゃ（訳者註、
黒い壺）
なわして、白じょつきゃ　なわして。
さまと二人で　やったい　とったい　するとっきゃ
こころを　どうしたもんきゃ　ハハハ

緑の松葉⑦

青い松葉の　しゅうて　うりゃアレ　枯れて　かれて
かれて落ちるも　二人ずれ　ヨイヤサ

田舎相撲（どっこいせ）⑧

どっこいせ、どっこいせは　田舎の相撲ェ
おきつ　もつれつ
またも　どっこいせ

他の「どっこいせ」節

(一)　どっこいせの
卵を　育つりゃ
ひよこ　そだつりゃとき　歌を

(二)　丸い卵も　切りよでしっかく
ものもいいよで
かどがたつ

私の婆さん女です⑨

いうちゃ　すまん　ばってん
うちのかか　うなご（訳者註、おなご）
けさも　はがまで
ぼぼ⑩　あろた

別れの歌⑪

さまとわかれて　松原ゆけば
松の露やら　涙やら

宴会・集会を催す主な機会

主人役の支出

名付け祝……親類や友人を招く

結婚式……第一日は親類、第二日は村の名士、第三日は部落の人々（各家より一人ずつ）

葬　式……(イ)親　類　(ロ)部　落

盆や法事……親　類

村入り……部　落

送別会……部　落

兵士の出発や帰還の会……部落と親類

新　年……親　類

全員の支出

各種協同作業のあと……部落、ゆいの団体

役場または会社の支出

学校における役場の講演後の集会……出席者または村の各家からの出席者

学校における紡績会社職員による講演後の集会……会社後援の養蚕組合全員

まずこういうような会合とか、宮やお寺とかいう詣りをのぞいては、村民には実際のところ娯楽はあまりない。近くの町や村に行われる定期的な祭礼は村民には楽しいひとときで、ことに若い人たちはいつでも着飾って、この祭礼に数マイルでも歩いて出掛ける。近年になって町の方では、祭礼には見世物小屋やサーカスがきて、益々商業化しつつあるが、反対に村では地方的な祭は次第に影をひそめていく傾きがある。じっと坐っていて、みなを楽しませてくれるような演芸はあまりない。

ときどき須恵村で見られるのは浪花節と映画ぐらいである。浪花節というのは古風な純日本式な娯楽であって、いくつかの伴奏楽器によって一人の男が、悲劇・喜劇・叙事詩を歌ったり物語ったりする。口演者はその大部分を対話形式でさまざまの異った人物のこわいろを、いきいきと物語るのである。浪花節語りは冬のあいだに各地を巡業する。一年のうちに須恵村に二組がやってきた。その一組は、床屋にとまったが、集まりは少なく寄付がいくらかあった。もう一つの組はかなり多くの聴衆があり、学校の講堂でやった。学校での入場料は大人は一〇銭、小人は五銭であった。このごろ須恵村に浪花節は以前ほどこなくなった。

新しい型の娯楽としては映画がある。映画は夏に二、三回やってくる。多良木の小さな映画館の所有者が村にきて、夕方に学校か、戸外の空地で映写をやる。チャンバラの多い長篇の時代劇である。入場料は一〇銭、小人五銭である。免田と多良木には小さな映画館があり、週に三回は上映している。村の人のうちでも主として若い連中が見物に行く。

会合や特別な祝典のとき、村で行われる歌や踊りにくらべれば、まだ映画は取るに足らないが、年とともに普及してきている。商売屋のラジオは、めったに聞き手がないけれども、つけっぱなしである。学校のラジオは、主に、ラジオ体操に使われている。村の男を目あてにした芸者屋が免田にあるが、村役場の職員や商売人は、ここの主だった顧客である。こういう遊びかたは農民にとって費用がかかりすぎるのである。

（訳者註） 穂積陳重のこの書は明治三六年丸善より英文で出版された (Ancestors Worship and Japanese Law)。大正六年、穂積厳夫によって邦訳され、「祖先祭祀と日本法律」と題された。この邦訳のまえに、独訳が、大正元年、パウル・ブルンによってなされている (Dr. Paul Brunn, Der Einfluss des Ahnenkultus auf das Japanische Recht, 1912)。

① 死後の名は僧侶から与えられ、法名と称せられる。位牌に書かれて仏壇に安置される。時々とくにお盆に供え物があげられる。

② 第七章参照（訳者註、農家では炊事場と離れて台所に囲炉裏、自在鉤があり、また茶の間を兼ねている。大きい家――普通は村には数軒もみれるが――では茶の間と台所とを別にしている。

③ 政府は多数の田舎の盆歌を禁止した。あまりにも性的な性格をもっているからである。須恵村のほとんど忘れられて了った盆歌もその面影があり、古い盆踊の禁止もうなずける。盆の宗教的意味については第七章を参照。

④ 球磨の民謡であり、きわめて自然に唄われる。このような民謡については、著者の Japanese Peasant Songs, memoir 38, American Folklore Society, 1943 を参照。

⑤　六調子の囃子で三味線のばちにあわせてすばやく唄われる。
⑥　六調子の囃子
⑦　六調子の曲に唄われる。
⑧　「どっこいせ」は日本の田舎の宴会によくうたわれる歌の型である。須恵村では地方的なものとされる性行為をもじった田舎相撲のこの語句が唄われると、いつも人を笑わせる。
⑨　六調子で唄う。
⑩　ワギナの方言。
⑪　送別会に唄われる多くの歌がある。これは六調子の唄いくち。

第四章　協同の諸形態

1　序

部落生活の二つの顕著な特色は、協同活動と贈り物のやりとりである。協同活動は人々のグループの自発的な行為なのであって、協同を強制せしめるようなボスがいて行われるのではない。この協同で行う作業には種々の契機、つまり利他的な共通の利益といったもののほか、やむにやまれない原因や、経済的必要というような動かし難い事実もある。田植え時に多量の労力が要求される水田耕作には、特殊な援助を受けることが不可欠であり、これは雇傭労働によることもできるのだが、実は最近まで行われなかった。それで何らかの助けあいの協同の形態が必要とされ、労働を交換し合うことが問題の一つの解決策になっている。道普請や橋梁の建造などの公共事業に人を雇って行うことが貨幣なしにはできず、したがって協同労働の形態がまた必要である。須恵村ではこのような事業をするために一定の期間、部落の共同作業には全世帯が参加するような形式がとられる。これは事業を成就させるだけでなく、部落民を協同作業とその後の宴会とを通じて、結合させることによって、彼等の公的生活をつよめていくのである。

明治以前の農民は、殆んど農奴に等しいものであった。年年収穫の約五割に当る米を、須恵村に倉庫をもつ人吉の相良藩主に租として納めなければならなかった。いうに足るほどの貨幣は流通せず、むしろ米が安定通貨の役割をしていた。村では米が今でもなお信用組合での地方的な買物に対して貨幣として、また労働者や、雇い人の労賃として、支払いに使用されている。現在では、租税は貨幣で納めねばならないが、このように米は生産多量であるので、それの一部を売って租税を支払うのである。「村」は自治単位になっているが、村の境界は既述のように、時によって変更することがあるとしても、部落共同体は百年前とかわるところなく、かなりに同じである。

生活の物的な面は、新しい農機具・金肥、あるいは換金作物としての冬小麦の導入につれて変化したが、社会組織はこれほど急速に変革しないで、共同労働の形態はなおも存続しているのである。地方の社会形態にボスとか親分とかがいないのは注意される。だが相良侯が抑圧したことも考えられる。協同の単位としての世帯の重要性、それから入浴と宴会とのための家族間の簡単な協同の様式については既に述べたとおりである。須恵村の重要な協同形態に次の五項目があげられる。

(イ)　組による当番制

(ロ)　協同作業

(ハ)　手伝い、加勢——家屋の建築、非常事件それから葬式の場合

(ニ)「かったり」
(ホ)信用組合(講)

2 当番制——「組」の組織

部落の宗教的行事は「組」という三ないし五世帯の小グループでされることになっている。部落の全員の名が二人と三人とか四人と五人とかのグループにして、記録してある「番帳」が、今も保存されている。これが「組」[①]であって、番帳の裏面には「組」が関係する仕事が書かれてある。

今村では薬師堂[②]の番帳があり、毎年「薬師さんの日」にまつりがあるが、一年毎に受け持ちの組が交代する。当番の組の者は——番帳は戸主名を記し、組の仕事は妻とか母とか娘、女中とかがする——まつりの前日に堂の掃除をし、当日は御堂にいて参詣者に茶や豆の接待をする。普通は当番の組のメンバーのうち、午前は二人、午後は二人が担当することになっている。薬師さんの日には部落の全員と、部落外の多くの人が御堂に参詣にきて、薬師様に賽銭を上げ手をあわせ、拝礼して二、三度祈りをつぶやく。それから組の接待を受け、お盆に銅貨を入れていく。その日の終りに賽銭は集められて、部落のぬしどうりのもとへ持参される。ここで御堂の経費を考えて修繕などの費用に使う。こうして祭りがとり行われる。番帳は翌年の次の順番の組の人の家に申し送られ、台所にかけておかれる。組には頭がいない。番帳の組織の目標は当番制にあって年次に交代するところにある。

しかしどの御堂のまつりも同じように行われているのではない。例えば川瀬では観音さんのまつりの前夜に、当番の組は焼酎やお菓子を供え、蠟燭をともす。村人たちは酒瓶を携えてきて御神酒を供え、酒杯を交換し、月光をあびて夜を楽しみ、歌を唄い踊りを舞う。翌日は観音さんの日で当番になった組の一軒で、寄り合いが行われる。部落のメンバーは出席するしないに拘らず、食物と酒代は一〇銭づつ出し合い、宴会はこの共同出費で談笑のうちに行われる。出席するのは大抵は年寄りである。宵祭（御夜）や祭日の寄り合いは以前よりは、次第に小規模になっており――いまでは約半数の部落が行っているにすぎない。どの宗教的行事の寄り合いとも同じに、近ごろ漸く消滅しつつある。これは農民が忙がしくなったからでもあり、さらに農業指導員や村長が冗費の節約を奨めるからである。

秋の彼岸の一週間は、球磨の三十三の観音堂で、巡礼に茶や豆の接待をする。観音堂のある各部落には組の組織が行われているが、この場合に部落は七つの組に分れていて、彼岸の中の一日をそれぞれの組で接待するのである。藩政時代に相良侯は、球磨のあちころに三十三の観音堂を設立するように決めたといわれ、これを巡礼が彼岸の一週間に一廻りするのであった。一説には、藩主が彼岸の間に家来を巡礼に変装させて収穫前の米の状態を視察して各村がどれだけ領主の倉庫に貢納しうるかを予測するために、この慣行が採られたのに由来するともいう。今日でも巡礼は彼岸のあいだに出かけ、女たちから茶や豆の接待をうけている。

一九三五年には須恵村から巡礼に出るものは誰もいなかったが、以前にはいろんな人が出かけた。一団をなしていくのが普通であるが、徒歩のほかに自転車で行くものもある。堂につくと観音に額づいて賽銭を上げ、御詠歌を唱える。時には年老いた職業的巡礼は長々と説教することもある。概していえば巡礼者の数は毎年減少していく。

部落の堂はすべて「組」の組織で世話をされているが、少数の神社もこれと同じ仕方でまもられている。これらの組は多くは地理的基礎の上につくられている。丘陵地の今村では何年も家の位置にほとんど変化がなく、組はいつも二、三軒の隣り同志の家から成っている。ところが商業部落の覚井では、人口の出入りがあるので、変動があり、組にしても広く分散した家々から成り立っている。覚井では組に加入している人、最初に接待に出る組が、明確でないというしまつで、彼岸の観音堂の祭の番帳は現在なくなっている。

「組」の組織に基づいて活動しているものに、「伊勢講」というのがある。番帳はないが、人と組の帳面があり、組は各々三軒から成り、⑤陰暦で一月と九月の十六日、当番の家で部落の会員全部の寄り合いがある。各家から一人が出席し、十五銭を出す。家に入るとまず床の間に掛けてある天照大神の掛図に礼拝して賽銭を出し、拍手をうち、平均割の会費を世話人に納める。寄り合いの飲食――豆腐と焼酎とが主である――から剰余の分があれば、伊勢大神宮に送られる。「掛け物」は寄り合いの終りにはずして巻き、次の組の人に渡され、行列をつくって届けられる。ここで再び焼酎がもてなされるが、その負担はこの家で負うことになっている。

「組」と「番帳」との組織は、またほかの協同労働の形態にも使用される。その一つは「ちざし」といって厳密に部落的の行事である。各部落は木製の「ちざし」の枠をもっていて、秋に多良木の獣医が部落に来て、馬や牛をこれに押し入れて縛り治療する。ぼろで包んだ熱い鉄で馬の体をこするが、これは馬の血の循環をよくするといわれる。この時にまた蹄鉄が修繕される。この日も終りになると、馬をみて貰った家で、簡単な酒宴が獣医を上座にして行われる。宴会費は各家から十銭ほどずつ出される。獣医の謝礼は、一年に一度、秋になってから米で――馬については一升、牛については五合が標準――支払われる。治療をしてもらった人だけが、支払いをする部落もあれば、治療してもらわなくても、牛馬の所有者であれば、支払う部落もある。各部落には、番帳と組とがあり、当番の組が「ちざし」のために寄り合いを開き、金を集め食べ物を買う。寄り合いは組から組へと順番に廻る。部落が獣医に支払いをするとき、その日が決められ、獣医が寄り合いに出る。そこでは当番の組の人々が部落のほかの人から集めた米をもって、各部落から出かけていくのである。だがもっとも富裕でしかも農業面ではとても進歩的な部落である川瀬では、「ちざし」を廃止している。

川瀬には中島や隣りの深田村の庄屋部落から、地主を入れた用水組合がある。これには四、五人が一組をなす番帳がある。毎年用水の溝を掃除し修理するが、当番の組はこの作業日を定め、組合員に知らせる責任があり、組合員の妻は食事の用意をし、作業が終ると組合員の家で宴会が催される。今村では二、三家族から成る組の番帳があって、毎年順番に橋を修築する責任がある。ここでは組がぬしどうりの役を果たしている。組の者は作業日を定め、木材や必要の物を集め、女どもは部落の作業者に、午前と午後とに食物を接待し、またほかの部落と同じように、部落員から十銭ほどの寄付を受けて宴会を準備する。⑥

春には「組」という女の団体で、髪油をつくるために、椿の種子を圧縮する協同作業をやる。各人は種子をもちよるが、皆が協力するのは重い木製の楔を枠の中に締める仕事である。部落にはこの枠をもつ家は一、二軒しかない。できた油の若干量は、この家に渡すのが組の習慣であり、これは毎年継続している。以前はこの種のいろいろの組（たとえば縄をあむ組）があったが、近年には機械の出現によって消滅して了った。

「組」のない番帳もある。部落にはその構成員の名前を記入した一覧表の番帳がある。一覧表に基づいて、番帳は次の家に毎年廻される。番帳の当った家は、定められた日に部落所有の小舟を管理する責任がある。それで洪水でもあると、その家の者が川に行って、この舟が流されないように見守らねばならない。葬式などの場合にも番帳が用いられることがある。一方には葬式のときの協同の用務に係わりのある「部落」の人々の一覧表があり、他方には遺族が部落の手伝い人の接待の仕方とか、また部落の手伝い人の仕事の具合についての規則の表がある。こんなことをやる目的の一つは、浪費の多い葬式をする競争をさけることであって、このために余裕のない人達に、競争の結果起こる金の心配をさせないことにある。消防夫が旧暦の年末にやる夜廻りは、毎晩、二、三人の組によってなされる。川瀬でも同じに、夜廻りは組によって漁撈シーズンの始まる直前の数週間、「部落」の養魚池で行われる。

日本の多くの所ではこのような小さな組――御「堂」まつりに含まれるような組――は消滅してきている。須恵村でもなくなろうとしており、とくに覚井の商業部落がこの例に入る。川瀬ではちざしばかりかちざしの組もなくなった。尤も用水の「組」は以前と同じに、強固に続いている。

組と番帳の大綱

宗教的	経済的	番帳のみ
秋の彼岸 （七日間の三十三の観音堂） *観音まつり *薬師まつり *阿弥陀まつり *地蔵まつり 伊勢講	橋の建設 用水 ちざし（川瀬では存しない） 養魚池の見張（川瀬だけ） 夜廻り 髪油（覚井では現存しない） 縄ない（現存しない）	舟（今村だけ） 葬儀

*注　同じ部落内でも同様でない。

3 協同作業

イ 道普請

小さな村落共同体には、いくつかの小道が必要である。須恵村では村を貫く県道をのぞいて、どの小道でも人が通るだけであって、修理しないでおくと雑草が生い茂り凸凹になり、出水で崩れたりして、毎日通るのにいろいろと難儀なものになる。それで毎年四月と九月とに、「ぬしどうり」と戸主達が相談して、あまり忙しくない適当な日を、道普請の日に定める。その日は各家から一人あて出る。その朝ぬしどうりが「板木《バンギ》」をならすと、藁箒や鍬をもって集まり、道の両端をきちんと直し、草やぶを刈り取り、掃き清める。一〇時頃にみなは腰をおろして休み、煙草を一服やる。家族の者がお茶や漬け物を持ってきたりする。仕事は昼までに通例は終る。各村は、その区域を通る県道を改修しておかなければならない。⑦県道の毎年の改修は、村役場から各部落が、それぞれ区間を割当てられている。県道に沿わない「部落」は、この作業の割り当てを避けようとする傾きがあるので、最近は景品をだす仕組みにして、どの部落も平等に働かせるようになっている。各家から十銭か五銭を寄付しあって、豆腐や焼酎を買い、夕方には道普請のちょっとした慰労会が開かれる。

ロ 橋の建造

道普請よりも、技術や労働を一層多く必要とする大きな作業は、橋の建造である。

球磨川は毎年六月になると、増水して洪水を起こす。そうして収穫のときに、田から容易に米を運ぶための弱い木造の橋が流されてしまい、村の人は一ヶ月ぐらい小舟を使うことになる。部落のひとのために、この渡し舟は部落の各家から誰かが交代して毎日出て動かす。部落外の者が乗るのには、二銭払わねばならない。これは船頭のその日の手当てになる。

九月の稲の収穫前に「ぬしどうり」は、部落の人達と橋を再建する日取りを相談する。決めた日の前日に村民は、林に行って材木や竹や強いつるを集めてきて川のふちにおく。当日には、午前七時頃、部落の各戸から一人が出る。もし橋が二つの部落にまたがる場合には、夫々の部落の人は橋の別々の位置で作業する。前日に木を切りに行かなかった者は、縄の藁や橋に使う筵を寄付する。どの人もみな仕事に就くのであって、ここにはボスはいない。しかも総ては混乱なしに進められる。丸太を切って適当な形にし、それらをそろえる者、竹を割り蛇籠をつくる者もあれば、娘や青年たちは縄で細枝をくくりつけたりする。橋を造るには釘は用いられない。この協同作業で部落の者が一緒に集まることは、内輪話をしたり、冗談をいい合ったりする好い機会でもある。お昼まで橋の主な骨組は、全部うまく川の中に設置せられ、みなは昼飯をたべに家にいく。二時間後に仕事は再び始められる。今度は女や、年寄りはいない。女たちの仕事の分は終ったのである。つぎに蛇籠や木の枝や筵が敷かれ、竹と山づるでしばられる。橋ができあがると、新しく切った竹の容器に焼酎を入れ橋桁のそばの川床におく。これは水の神への供え物であって、橋を渡る者に危害のないようにとの気もちからである。作業が終ると、つれだって家に帰り、作業衣をぬいで風呂に入り、涼しいゆかたを着る。女たちは午後遊んでいたのではなく、作業後の酒宴の用意をしていたのである。決めていた家に集まってそこでわずかの魚や豆腐を菜にして焼酎をのむ。これはまた、各戸あてに十銭か、十五銭ずつ寄付しあって賄われる。二つの部落で橋の作業をやった場合は、この宴会は自らの部落で別々に行われる。

このようにして作業が完了する。橋はお金を使わないで、建設されたのである。労働の奉仕は部落に橋を建造したほかに、部落の人々に相ともに働き、ともに語り合いともに宴会をする機会をつくり団結を更に強めることになる。橋は毎年のように流され、部落はその都度結ばれていく。

この型の協同は道路を新設するとか、鐘つき塔を建てるとか、「御堂」を造るとかいった全部落の事業とされている。部落外からの援助が求められるが、それには宴会をして報いられる。ある部落ではコンクリートの橋が造られた。その結果は新しい橋を造るための毎年の集まりがもう行われなくなった。ほかにもコンクリートの橋を造る計画が進行中である。それで部落が一緒に働いたり、のんだりする機会は何年かのちにはなくなることであろう。

ハ　雨乞いの部落の踊り

協同作業の変わったものに、旱魃のときの「部落」の踊りがある。全部落の人々は、平山の霊験ある滝のところに集まり、各部落はこの神に、特別の雨乞いの踊りをする。今はわずかな部落にだけしかこの踊りは残っていないが、以前は各部落毎に特殊な踊りがあった。「ぬしどうり」の役目は世襲的であり、踊りの特別の役もまた世襲であった。学校のような大きな建物の落成式には、部落はその踊りをしばしば演ずる。見物人からお金をとるが、これで大抵は焼酎を買う。⑧

4　「手伝い」

もとは各部落には家屋の建築や屋根葺きについて、協同団体つまり「かけ」あるいは「講」があった。今日では大抵の部落には屋根葺きの「講」はない。屋根を造ったり、修繕したりするときは、屋根葺きを雇い入れて、米や他の食料を支払い、また完成祝いに招くのである。

家屋の建築は今でも協同組織によっている。家を建てると決まると、まず祈禱師にきてもらって、土地を清め、この土地の利用が邪魔されたり、利用者に危害のないように、「地の神」をなだめる。それから大工が雇われるが、「村」内からくる時もあれば、村外のこともある。大工と新築者は家の設計をし、木材を近くの町から買ってから、「ぬしどおり」に知らせられる。建前の日は、祈禱師が吉日といい、部落にも都合のよい日が決められる。当日の朝は各家から男女が手伝いにくる。男は柱や梁を建て、女は男たちの食事の用意をする。この最初の日、近村の親類の者も手伝いにくる。大工は男たちの仕事を監督しまた手助けする。新築者もほかの者と一緒になって働く。十時におやつ、正午に昼食が出され、午後はまたおやつが出る。食事は新築者が負担するが、これは普通のよりも幾分よく、御飯は炊きがけである。おやつは豆とお茶に漬け物が出される。夕方近くには棟木も含めて骨組みは全部できあがる。それらはみなきちんと合っているので釘は要らない。棟上げ式が行われ、大工が「のりと」を読む。最初に幾人かが式の為に御幣を造る。

一、墨で塗られた木の矢が飾られる。これは家の頂上に立てられ、東北、つまり鬼門の方向を指している。こうすれば悪魔の影響からのがれられる。⑨

二、矢に合うおきまりの弓に、紅白の布が巻かれる。

三、三色の旗が骨組の頂上に立てられる。

四、一つまたは二つの扇がひろげられて、棟木に打ちつけられる。

五、藁包みの魚が、扇とともに打ちつけられる。のちほど魚はとりおろされて「床の間」に置かれ、大工に贈られる。

六、大麻が扇や魚と一緒に打ちつけられる。大麻は神道の飾りつけである。

大工はその弟子を、新築者はその兄弟と息子をともない、餅や塩や焼酎をもって、建前の場にくる。塩と餅は棟の上に、焼酎もコップについでここに置かれる。それから大工は拍手を打ち、礼拝して家の居住者の安全を願って祈禱をささげる。彼は焼酎を一杯飲み、新築者や他の者と杯を交わす。それから大工は餅の桶を手にして立ち上り、餅をまく。まず東北の方から始めて四方に一個ずつ、ついで廻りにまく。この時には附近の子供も加わっており、餅が投げられると、さっと拾おうとする、餅は新築の家族や親類の者の作ったものである。大工や他の者は柱の上から降りてきてこの家の風呂へ入る。火はその家の娘がつけたものである。

こうしているあいだに女手伝い人は、座敷では親類のもの、庭では「部落」の男たちの宴会が始められる用意をしている。男たちには御飯と焼酎と別の食物とが、また親類の者には御飯、焼酎、魚が出る。彼等は ㈠親類であるということ、㈡手伝いとともに一寸した土産物を持ってきたとの理由で上等の料理が出される。この「棟上」の祝いに親類と、部落の手伝い人とを区別するのは、葬式のときと同じである。庭は「座敷」のすぐ隣りにあり、暖い季節には、障子はたてないし、双方とも互いに顔は見られるが、その話題や宴会にはどちらも気に止めない。

大きな家の建前の場合は、「部落」民は、二日目も手伝いにくる、しかし大抵は、手伝いは一日だけで、後は家族の者だけでやっていき、屋根葺き以外は、多くの人の手伝いを必要とするような仕事はない。

イ　屋根葺き

新しい家の屋根を葺いたり、古い家の屋根の葺きかえや修理をするには、戸主は村で屋根葺きのうまい男を数人ほど呼んでくる。親類の者もいくらか、手伝いはするが、二、三の上手な人が主として働く。古い屋根なら、梁と根太の骨組みとを残して、家のなかを青空にさらすように全部取りはずす。その日に雨が降ればその家が運が悪いのである。

屋根葺きが終った第一日か第二日目の終りには、ちょっとした祝いがある。家の所有者と屋根葺きとが、屋根にあがり、三対か五対の小旗を屋根に交差させて立て、「わらずと」ともいう餅の入った藁束を投げおろす。下にいる者はこれを拾って、後で果物の木、特に柿の木に掛ける。「わらずと」は果樹ことさら柿の接木に実をよくつけさせるといわれているので、こうするのである。風呂がすんで、夕食が出される。屋根葺きには労賃が――貨幣か米の場合が多い――支払われる。手伝い人とか、村の一、二の親類とかは自ら進んで「加勢」に来たもので、食事と宴会、それに後で僅かの「御礼」を貰う。部落全体の人が、屋根葺きの手伝いにこないが、各人はその日か、次の日かに一寸した贈り物を持って訪ねる。「お茶飲み」に贈られるものだが、一般に豆腐が四丁である。これは建物の少しの修繕の場合に部落中の者が、手伝いしない時に為されるのであって、茶、米、お菓子、果物も贈られる。家の新築には、部落外の友人や親類もすべて贈り物を持って訪問するのである。

屋根葺きの手伝いが今では行われないという事実は、この協同の形態が滅びつつあることを示している。覚井では家を建てる場合でさえも、この形態は崩れかけてきている。それは建築には土台がコンクリートになったこと、もしそうでなければ、部落民が一日でやってしまわねばならない仕事量が多すぎるようになっていること、それに人々が手伝を余り好まなくなったという事実によるものである。

ロ　非常の際の援助

村の生活には多くの災害や危急のことが起こり易い。以前は暴風で家が吹き倒されたこともあったが、今では家の建築が頑丈になったために滅多に起こらない。火事と洪水とは依然としてなくならない。火災のときは皆が特に消防夫（各家から二五歳から四〇歳までの男が一人）が助けにきて、消火に全力を尽してくれる。消防夫には食事と焼酎とをもてなすことになっている。火事のあとで部落民は、食物の贈り物をもって見舞の言葉を述べにくる。家を再建するようになれば、各家から一人ずつ一定の日に出てきて、家の骨組を立てる手伝いをする。もし戸主が火事で非常な借金を背負いこむようになれば、同情ある友人のあいだで「講」を造ってここから金を借りることもある。

洪水がでて家が壊れたときも同じに行われる。同一「部落」で多数の家が損害を受ければ、ほかの「部落」から救済にきて米を贈ったり、子供たちの避難を手助けしてくれる。危急の際には、「ぬしどうり」が「板木《バンギ》」か半鐘を鳴らす。火事とか洪水の後で親類の者もまた贈り物をもって見舞にくるが、ひどい災害の時は、「部落」がそのようにする。洪水には子供が溺れることがある。ほかの災害のときのように、「部落」の者がこの家族を助けて、男たちは死体を捜査し、女達は家で男に出す食事や焼酎の用意をする。捜査が一日以上に延びると、「村」中の消防夫が、「部落」毎に順番をたてて探しにでる。悲歎にくれる家のものは食事や酒を出すが、自分は仕事に参加しない。

部落に死人があったときも、「ぬしどうり」に知らされ、彼は部落にこれを報らせる。各家から女がきて台所の手伝いを始め、弔慰の来客にお茶や豆を接待する。部落の各家から男が出てくやみの言葉を述べ、庭に出て葬式の準備をする。「ぬしどぅり」は、遺族とか、葬式に必要な物とか、棺桶や葬儀用具は免田に買いに行くとか、また家でつくるとか相談をする。部落の手伝い人――大抵は青年である――に「ぬしどぅり」は墓を掘る者や棺衣を持つ者を指名する。遺族はただ来客に会うほか何もしなくてもよい。親類から米、焼酎、それに葬式用の幕を贈られる。そのあいだ部落の手伝い人は庭に坐って必要な棺桶の装飾品を造り、女は葬式の出る前に出だちの料理をこしらえている。一族の者が入棺をしてそれから最後の料理を食べ僧侶と盃をかわしているあいだ、部落の手伝いの男は庭や納屋で食事をし酒を飲む。彼らは葬式中でもよく飲んだり、しゃべったりし続ける。親類と部落の手伝い人とのこの差別的待遇は、家の建築の時に見られたものに似ている。どの場合でも、親類の者は贈り物を持ってくるので、よりよい御馳走を受け、特別の人（大工とか僧侶）は上座に坐る。葬式が終ると、部落の手伝い人は棺を肩にかつぎ、親類の人たちと一緒に列をなして、部落の墓場へいく。墓場での式が終ると、僧侶はすぐに帰り、続いて親類の人たちも帰る。棺衣の荷い手は話し合ったり、冗談をいったりしながら墓を埋め、その位置に墓標をたてる。

葬式のときは、部落の手伝い人はみな食事の接待を受ける。その代り彼等は各々多少の米を持ってくる。焼酎とほかの食物は作業の報酬に当るものである。仕事に対するそれ以上のお返しとしては、もし自分らの家族の誰かが死んだときには、この遺族が手伝いにきてくれることを期待するのである。「ぬしどぅり」は手助けに来た人の全部の名前と、持ってきた米の量を記録する一冊のノートを作成する。この冊子は何の意味合もなく、ただ単に手助けと米を貰った事実を認めるためにとられるものといわれている。けれども葬式が終ってから後に、遺族の二人のものは手助けに来てくれた各々の家を訪れ、家の中に入らずにただお礼をして、手伝いに来てくれた挨拶をする。

災難や葬式の場合の「部落」の手助けは、「手伝い」といわれる。単に子供が死んでも、「組」だけに手助けを求めるが、大人であれば部落全体が手助けにいくのである。この言葉は大きな宴会の場合、女や娘が自発的にその家の主婦のためにする手助けにも使われる。手伝いのほかの協同の形態は、結婚式とか送別会のような大きな宴会のときにする近所の婦人の手助けもある。送別会には部落全体の人が参加する。これに関しては第六章で入営に関連して述べたいとおもう。

手助けの協同のしかたには親類と部落の隣人との二要素がある。つまり親類はお祝いや弔いに集まるのであり、部落の隣人は行事の準備のために手助けをする。この地方的な団体は、親類の人たちがその行事を間違いのないように行うために働くのである。

5　交換労働（かったり）

日本の村落共同体における経済的協同のもっとも顕著な形態は、田植えの時の労働力交換とそして大ていの地方では、集団労働をふくむ種々のほかの作業とである。いろいろにそれは呼ばれている。

たとえば「ゆい」「い」または「かったり」などという風に。ところで須恵村に於いては「かったり」(11)とよばれ(普通は「かっちゃい」と発音される)、田植えにはもっとも重要な役割を果たしている。

五月のはじめに、苗代がつくられる。水田には水がひかれ、耕やされ、肥をかけられ、それから鈍い木製の熊手でならされる。長い三フィートの幅のうねがつくられ一家中が一緒にでて種蒔きをする。種は芽を出してから四十日後に、田植えができるようになるが、苗代で稲を成長させそれを植え変えて、より大きな収穫がもくろまれる。また小さな地域に若苗を育てれば、害虫駆除が容易であり、この間に一度か二度、小学校の生徒たちも虫取りに出かける。

移植の組織は稲だけでなく、甘藷や玉ねぎ、そのほかの多くの野菜に適用される。小麦には行われない。多分植え変えるだけの時間の余裕がないからであろう。というのは稲が刈られて、すぐ後に小麦が蒔かれ、それが二、三インチばかり芽を出すまでに霜がもうくるからである。また陸稲も植えかえはなされない。田植えは年中のもっとも大きな事柄のひとつである。広い田にすべての苗を移植するのには、多くの働き手が必要であり、村全体は、同じ仕事で多忙を極める。働けるすべての男女は田に出ていて、村は人けもない。田植えの仕事はつらいが、社会的なものである。十人乃至十五人の若い男女が田を横切って一列に並ぶ。線をひく二人の男が五インチごとに指導線をひくと、人の列は速くしゃがんで、苗を泥の中にさし込み、それから立ち上って後へ下る。線をひく人が「はいっ」と叫んで五インチあまり糸を動かす。すると人間の列はまたしゃがみそして苗をぽんと植える。単調な仕事は、絶え間なく冗談をいったり、時には卑猥な話をして救われる。他の働き手は苗代から苗を取り、それを小さな束にからげる。すると他の者はこの束を田にもっていき、田植をする人はいるだけ苗の束をとりあげて泥の上に投げつける。苗を間引くのは少しばかり熟練を要するので、経験のつんだ年寄りがする。根や柔らかな芽をさいたり、折ったりしてはならない。けれどもその「やわらかな」芽は、しばしば働き手の手を切るほど鋭いこともある。実際の田植えをする働き手の列にはいろんな人が入っている。老若の男女、召使、主人もいる。線をひくのは大体のところ男がやる。この仕事は相当の技術が要るものとみなされているからである。仕事は非常に苦しく背中が痛くなる。それはちょうど梅雨期かまたは六月の太陽が無慈悲に照りつける時であるが、そこには親しいつきあい、浮気な話や冗談等でまぎらわされる。午前の中頃と午後の十五分間の食事のときに、各人に少しばかり休息があり、正午には家に御飯を食べに帰り、しばしば短い昼寝をする。夕方には「焼酎」が少しばかり振舞われる。本当のふるまいは、田植えの仕事が終った時にだけ出される。

各部落には互いに仲の良い数軒の家がある。それは時として親類同志であったりして、通例は経済的にも社会的にも同じ水準にあるものである。このグループが田植えのときに、手助けし合うのである。彼らは協定して、最初はある家の田、次はどの家の田で働くといった具合にして、皆ですべての田に田植えする。毎年グループのなかで最初に田植えをする家は異なっている。

「かったり」の主なものは、日数と人数とである。A家がB家の田について二人分の仕事を二日分やるとすると、B家はA家の田にそれと同量の仕事をやらなければならない。これは三人の人が一日働いて、一人が他の日にやってもよいし、また二人が二日働くという組合わせでもよい。性別は問題にしないで、B家からの働き手は、男でも女でも、また召使いでも、その家族でもよい。A家の労働を返しさえすればよい。馬を持ってくれば二人分に数えられる。田植えをしてもらう人は、その日の食物と、「焼酎」とを提供する。A家の仕事は、「かったり」といわれ、B家の労働の返却は、「かったりもどし」といわれる。四、五軒がひとつの「かったり」のグループでともに働くときは、計算は同一の基礎による。それでこれには日数と働き手とを書くノートが要る。またグループの人々の間に誠実さが要求される。このため農民のなかには、「かったり」は以前よりも少なくなってきているともいっている。貨幣経済が村に浸透し、人々がより個人主義的になってきたので、「かったり」の仕事は簡単ではない。もし親類でもなく、親しい友人でもない人と、これを行うならば、その人のやってくれる仕事は、いい加減のものになりそうである。商業部落の覚井は「かったり」の作業が最も少なく、富裕な川瀬では、契約労働が多く利用されている。しかし兵陵部落や山の部落（今村、上手、平山）は、大てい、いまでも「かったり」が行われている。実際上はこれらの部落は、それぞれ四つか五つかの「かったり」のグループにわかれており、そのグループは毎年一定している。

ほんの僅かの土地しか所有しないものは、田植えの季節には雇われに出るが、広い水田の所有者は「かったり」のグループのほかに、数人を雇い入れる。このようにして働き手、特に、土地をもたないものは田植えの期間中は、日によってあちこちに雇われていって、臨時の仕事賃を得るのである。この「雇い」は、日当として一定量の米が支払われる。これはこの年に前々から世話を受けたその返礼として引き換えになされるのであり、それでこれは「雇」でなくて「加勢」の形態といえる。田植えの時期には親戚は、「かったり」の基盤についてもっとも信頼され、そして常に互いに助け合うのであるが、家の建築とかほかの仕事のときに加勢するのと同じである。本来の「かったり」が実際にはいつも部落内の近隣の集団からなっているのに対し、親戚の者は他の村から手伝いにやってきて助けられた人はあとで親類に手助けに出ていくのである。人によってはひとつ以上の「かったり」の集団に属するほかに、自ら契約して私的な田植え人として雇われることもできる。

たとえば、水田の二十人かそこらの働き手の例ならば、「かったり」の四、五家族からでている二、三人に加えて、「日雇」にやとわれた二、三人、それに「加勢」として手助けする二、三人からなっている。「かったり」は主として田植えのときに行われるが、あるグループはまた甘藷の植えかえや田の草とりや他の農業生産にも、労働を交換しあう。田植え時期の終りに、「かったり」の集団はそのメンバーの一人の家で寄り合いを催すが、各人は十銭から十五銭ぐらいずつを出しあって豆腐や焼酎を買う。男も女も出席し、このつらい仕事の終了を祝う踊りや歌が賑やかに繰りひろげられる。「おはぎ」が床の間の神に供えられる。

「かったり」の組織の変形したものは、中島の水田部落に発達した「小組合」（産業組合支部）であって、つぎのように為されている。部落の各人がある日は甲の田で、つぎの日は乙の田で働いて最後にみな終る。最初に行う田は、くじでその人が選ばれる。彼の田が最初の日に植えかえが終らないならば、植えられない部分は、第二の順番まで残される。約二週間の期間で終るように計画がなされる。わずかの田しかもたない家は、与えるよりも少量しか助けを受けないのに対し、広い田の所有者は勿論あたえるよりもより多くの手助けを受けることになる。そこで日数と人数の正確な計算がなされ、広い田をもつ者は小組合に貨幣を支払う。これは小さい田の所有者にあたえられる。全部の部落の田が終った時に大きな酒宴が催される。わずか二、三年しかたたないこの組織は、この問題について講義をきいたことのある学校出の人がはじめたものである。こういう作業の方式はすべての仕事が、部落の人によっていとなまれ、部落からは貨幣を出さないようになっている。とくにこの後者の点が、須恵村では強調されている。

田植え時に労働を手に入れる他のいくつかの形態がある。その一つは記述したように、一時的な労力の雇い入れである。それからやや新しい方法は、請負人を通ずるものである。これは普通には町から地主のところにきて、一反あたりいくらで田植えを契約する。その男は労働者を雇傭してするが、天気がよければ相当の利益を得る。田植えがすむと地主は請負人と手伝いしてくれた親戚の者とのために宴会を催すが、請負人に庸われた者はこれには含まれない。田植え中も食事は自分で持参し、お茶と漬物だけは地主から出される。この宴会には請負人は正座に坐る。請負労働の組織によって、部落生活には資本と労働との二階層が創出されている。これの説明は後でするつもりである。

6 講

もっとも普及していて、しかも重要な経済的協同のひとつは、「講」または「掛け」である。これは中国に現存する類似の信用組合の変形したもののようである。⑫

イ 経済的「講」

もしある男が金が必要になると――多くの場合は病気とか負債のためであるが――望みの金額を調達するために、よく「講」をつくろうとする。彼は一、二の友人に講をつくって助けてくれと頼む。講の額が決められると、最初の総会で全員はその金額を彼に支払う。その時に講の長（議長）――通例は講の発起人が選ばれて、運用の規則が決められる。この地方では講は、以前に「掛け」ともいわれ、「講長」は「掛けぬしどうり」ともいわれた。

貨幣とか米とかが使われる。まずお金の講の運営を明らかにしよう。ある男が一六十円を必要とする場合には、友人が二十人とすればおのおのが八円ずつ貸す。これは全部で二十回にして、一定期間ごとに十円の割で彼から返済される。彼は借金の利子として四十円支払う。講は二十人の貸し手と最初の借り手から成っており、原則としてそののち、年に二回は陰暦の十一月と十二月に会合する。

このとき一人ひとりが一枚の紙片に入札の値を書く。もっとも低い値をつけた者が、最初の借り手とすでに借り受けた他の者とから十円を、それに他の各会員から、彼のつけた額たとえば四円を加えて受けとるのである。金を受けたものは以後の会合には入札することはできず、会合のたびに十円を支払わねばならない。通例お金の要らないときは、はじめに高い値をつけ、おわりに低い値をつける。例えば二十一人の講では、指し値はつぎのように行われる。

最初の寄り合い――各人(二十人)金の要る者は八円ずつ計一六十円を支払う。

二回目の寄り合い――金を必用とした男は十円を支払い、そしてほかの者は最低の指し値たとえば六円を支払う。

(19×6+10=124円取得者に)

六回目の寄り合い――五人が各々十円ずつ支払い、そしてほかのものは最低の指し値たとえば五円を支払う。

(15×5+50=125円　取得者に)

十九回目の寄り合い――十八人が十円ずつ支払いほかの者は一円という最低の指し値の金額を支払う。

(1×2+180=182円　取得者に)

二十回目の寄り合い――十九人が十円ずつ支払い、のこりの者は零ということになる。

（2×0＋190＝190円　　取得者に）

最後の寄り合い――二十人が十円ずつ支払い、ほかの人は自動的に二〇〇円を手どりにする。

米を用いる講にあっては、米価が高い時にはその指し値は高く、安い時には低い。また入札の代りに籤を引く富籤式の「講」がある。このような「講」では、たとえば当る前には八円を支払い、そののちには十円を支払うのである。四、五人もの会員がある大きな「講」は二十年以上もつづく。会員のなかにはこの期間中に死ぬものがあれば、その長男が通常は会員の権利義務を相続する。養子や未亡人が相続することはあまりない。またはじめの借り手が支払う利子が高い間は、一時に多額を支払うにおよばない。

「講」のメンバーが陰暦の十一月、十二月に会合するのは、この時期はちょうど収穫が終り、みなに手持ちの米があるからである。さらにまたこの頃は取り入れがすみ、新しい年の仕事がまだはじまっていない農閑期であるためである。

貨幣を用いる講は、「講銀《こうぎん》」または「金講」とよばれている。これは会員が買い落してからあとに、支払われた金額によって十円講・五円講といわれる。米を用いる講は、「米講《こめごう》」または「米掛け」とよばれ、籾の場合には、「籾掛け」とよばれる。毎回支払われる米の斗数⑬によってたとえば「一斗講」という名がつけられたりする。また「講」には、二〇〇円または四〇〇円掛けのものもあるが、これは須恵村付近では稀であり、五円か十円のものが普通である。村では「米講」が「金講」よりも普通であり、町の方では「金講」の方が普通である。

入札のは「落札」とよばれ、富籤式のは「札講《ふだこう》」といわれている。これは紙札の「講」の意味であって、紙札が引かれるからである。当り札には四角の孔があけてある。買い落し人は記念物として家の柱にはりつけておく。

講の基本的な型は四種である。

米（米講《こめごう》）……入札（落札）
　　　　　　　　　　　くじ（札講）

金（講銀《こうぎん》）……入札（落札）
　　　　　　　　　　　くじ（札講）

寄り合いは前回の寄り合いで落札または富籤を得た家で行われる。会員達が彼の家の会合にきたときに、彼は支払いをうける。講の寄り合いではその日の仕事が最初に行われる。米講であれば、講長の監督のもとに、米がはかられ帳面に記録される。金講であれば、その金が払い込まれる。米講では通常支払いは米でなされるが、時にはそれと同価格の貨幣で払われることもある。講によっては会員たちはいつも一軒の家に集まってこれを行うが、その家の主人は、「講に」対して何も支払わなくてよいのもある。続いて料理と酒とがでる。講の寄合は、ほかの寄合と同じく、三時か四時に始まって七時か八時ごろに終る。だれも他の人達より上座につくべき理由がないので、座席の順序は通常くじで決められる。

この会合にはみな普段着のままで集まり、献立も立派なものではないが、酒はふんだんにある。その日の主人役が焼酎をだすものと予定されてあり、家の娘や女中または近所の娘などが給仕をする。未亡人も亡夫の代わりとして出ることがある。最初と最後との会合には、特別の名がついている。最初の会合「発起」には、講の運営規則や、記録帳を作ること、講の全額とかを決定する。しかし最後の「満期」の会合には、「講長」は帳簿を照合し、それからいつもより盛大に酒を飲む。

講の会員は、一部落に限定されていないが、通常みんなは「村」内のものである。他村のものでも、須恵村に近接する部落のものである。会員が遠い村に住んでいることがあるが、それは講がはじまったとき、須恵村に住んでいてそののち転出したものである。非常に高額の講（五〇円から一〇〇円におよぶもの）においては、すっかり事情が異なって、一村の少数の人だけが入会し、従って会員達は近隣の数ケ村にまたがる。学校の先生は永住者でないので講の会員にはなれない。それで村の強い社会的結合の絆の一つから遮断されている。会員には二人で一株分もつことも可能であり、脱会しようとするときは会員の権利を売ることもできる。同一の講に二つの会員権をもつこともできる。

村の仲買い人が講に参加するのは、いつも利益をめあてにしている。彼らは賦課金以上のものを獲得するために、種々の策略をつかう。例えばまだ当らないが、現金の要る村には、仲買い人が、講で得られる予定よりも安い現金で、その会員権を買う。仲買い人は講全体を買うことも可能である。是は既に買い落した会員に、心附けを出して、彼等の講に対する義務を、ゆずり受けることを申し出れば、なしとげられる。そしてまだ買い落していない者に、少額の相当金を与えるとすれば、かなりの利潤を得ることになる。尤も実際のところ部分に講を買占める以上にはやれない。

時には一部落全体で、ある「講」の会員権をもつことがあり、部落によっては三つまたは四つの講に属するものもある。このようにして得られた金額は、部落の「ぬしどうり」によって管理される部落基金に入れられるとか、或いは部落事業に使用される。この場合には部落の者はすべて、個人的に講の会員であってもなくても、その当り分を寄附する。例えば部落に二十人いれば、二十分の一を寄附する。その部落が買い落せば、その額全部が部落資金に入るのである。

講の会員を選定するには、指導者達の目に、加入の能力があり、そのうえ善良な責任感のある人物と映った人々でなければならない。しかしながら十年か十五年か後には、かつての正直な男でも、その責務を怠るようになることもある。仲買い人に売却することもあろうし、また更に悪ければ、彼は買い落した後は、当り分を支払わないことがある。

十円またはそれ以上の支払いを含む大部分の講は、担保として若干の土地を提出することが要求されている。これは公式によって担保として登記される。それで会員が怠れば、その土地を売却して、この売上げ高が、まだ買い落さない会員達に分配される。三十年程前までは、このような登記の実例は須恵村にはなかった。

「講」には三つの型がある。㈠登記型・㈡半登記型・㈢無登記型。

㈠　**登記型**――大きな「講銀」つまり二十五円以上のもの。それから十円講も登記される。このため最初の借り手は、土地か家屋（保険をかけねばならぬ）かを負債の担保として登記する。借用証書が債権者たる「講長」あてに作成される。これはみな多良木の町の登記所で行われる。債務が支払われない場合には、債務者は担保を引渡すことに同意するものである。

他の会員が買い落してしまった時には、五十円講の場合ならば、毎回五十円に対して以前の人より少ない債務と担保とをまた登記しなければならない。ある会員が死ぬか義務を怠るかして、そして幹部が財産を得たならば、彼はまだ買い落していない会員達にその財産を分配せねばならぬ。もし彼がそれを自分のものにしておこうとすれば、講中の者が事件を裁判に訴えることもできる。けれども講長は注意深く清潔な人が選ばれていて、須恵村ではこういうことは起ったことがない。だが時には「講長」に頼みこんで、貧弱な財産を担保として登記し、二、三回は支払をしてから義務を怠り、講に損失をかける者もありうる。米価が低い時には、担保の価値が最初の時より（金講に対して）少なくなり、このような場合には、義務を怠って利益をはかり、講には損失をかけることもある。不道徳と見做されるこのやり口は、村の仲買い人、神主や、他の数人によってされたことがある。

㈡　**半登記型**――五〜一〇円の講には担保はつけないが、保証の名はある。この場合に登記はしないが、印紙をはり、文書を法的なものにするかぎりにおいて、契約は公的なものである。

㈢ 無登記型——五円までの小さい講は通常全く登記されない。勿論、支払い、会員数、買い落しなどの記録は保存されるが、すべては全く私的なものである。

「寺講」というのがある。これは村よりも郡の範囲にわたってなされるものである。表面上は寺を修繕したり、鐘を買うためにつくられる。寄り合いは通常一月に一、二回寺で催される。支払は二円から七円ぐらいまでで、会員数は五百人から千人である。第一、二回めの寄り合いには買い落しはない。大きな資本金が集まったら、くじ引きされる。三百円ほど受け取るが、買い落したものはその都度、寺に五十円か六十円を寄贈することが期待される。それで「寺講」の称号があるわけである。こういう大きな講では、運営委員が非常に重要であって、複雑な仕組みのために、不正をやる道もないわけではない。毎月会員は資金になる当り分の会費を払うが、三月毎に一人ずつが多額の金を獲得する。しかしそれは管理者によって集められた金額ではなく、その差額を着服することもできる。この結果は法律上、面倒なことになることもある。須恵村のもので、人吉のこの講に入っているのもある。熊本のような都市においては、正規の講の会社が存在する。

このものとは、幾分か異なった型の講が、家屋や屋根作りについてあった。今は絶滅していてみられない。それは主に部落でやる仕事であった。会員達はみなの希望の一致した材料を出し、そして一会員の必要とする日に、新しい納屋、屋根葺き、また家の大改築をやるのである。約二十年を周期として只一回だけ手助けを求める。この時には彼は「掛けぬしどうり」に連絡し、そこから他の会員に順次に知らせられる。「掛け」についての帳簿は、ぬしどうりが保存する。これが屋根作りだけのときは、「茅掛け」とよばれた。全会員は屋根を作るためにほかの会員を助け、相互に一定の長さの綱で束ねたかやを寄附するのである。掛けは綱の長さによって「一丈掛け」、または「二丈掛け」とよばれた。時に麦わらが使用された。今日では全部落民が互いに建築を助け合う「みんな掛け」がある。これは会員が材料を供給しない点において前者と異なる。これらの家とか屋根とかの講は、主に会員の労働給付とその反対給付の差し引きの具合を確かめる。このために、労働交換の記録を保存する手段であったようである。

村の経済において講の果たす重要な役割は容易に理解される。ほとんど誰もがいくつかの講に属しており、金持ちは二十もの講に属し、貧農でも二、三の講に入っている、収穫の時になされる最初のことは、家が入っている講に必要な米を、取りのけておくことである。裕福な人達は負債を免れるためとか、土地を買うために加入するが、貧しい人々は病気とか葬式等の不慮の費用を支払うために講をもちはじめたといってもよい。この不慮の費用を支払うということは、金持ちはいつでも必要な時出すためよりは、むしろ不景気の時期に対する保険として講に加入する。講から最も多く利益を受け取るのは彼らであって、買い落しの前の会合まで待つ余裕があり、こうして最少の費用でやり、かつ最も多く取り出すのである。この結果は、共同体の資産ある会員は、資産のないものに対して銀行家として行動するということになる。

多くの農民は一〇〇円かそれ以上の負債をもっている。こういう負債は別に不面目なものではない。だが講の負債が支払えないことは実に不名誉なのである。この苦境にたった一人の男は首吊り自殺をし、他の男は二人の娘を淫売婦に売ったことは、全く事実なのである。後者の場合に講の会員達は始めの娘を売った後の支払い金額を幾分か減らして受けることに同意したのであった。しかし二番目の娘を売った金額でその男が家の修繕をはじめたときには、講の会員達は何ともいう言葉がなかった。

多くの貨幣は銀行や村の信用組合、郵便貯金に一緒に預けられるよりは、講に固く結びつけられている（附録I）。講銀はむかしは存在しなかった。これらの諸機関があるので、金のいりような隣人に対する助けとしてよりは、利潤に関する投機として、講についての関心が増してきたのである。

ロ　他の型の講

これらの主な経済的講にかてて加えて多くの種類の講がある。経済的目的をねらっていないものも若干あり、全く社会的目的のものも多くある。これらの社会的講は凡てくじ引の型で登記されないものである。他の講と同じく幸運の「札」または紙を引いた人はつぎの会はその家で開き、そのとき支払いを受け皆に焼酎を寄附する。二十五人の会員の講は一会合に八升は飲むようである。各会員の食物は通常豆腐であるが、それに十銭か十五銭か出す。会員数は通例十五人または二十人のあいだである。

よくある講の型に、「かさかけ」というのがある。傘掛けは免田の雨傘屋によってはじめられ、通例は部落または部落の一部分の仕事として行われる。毎月寄り合いするとき各人はその傘屋に五十銭をだし、隔月ならば一円出す。幸運の札をかちえた者は傘屋から四、五本の雨傘を受けとる。傘講に類似したものに靴講がある。くじに当った者はその金で靴を買うのである。「畜産講」というのもあって買い落した人は新しい家畜を買うとか、これまでの家畜をいいのと取りかえるためにするものである。然し実際は、この講は懇親的なものである。会員達は二円を支払うが、もしその前に買い落したのであれば、二円四十銭払う。四十銭は「利子」である。裕福な農民達だけが、家畜類をもつので、講を作るために数個の部落を包含することが必要である。それには一年に三、四回寄り合いする。

金融上の利益に全く無関係な、純粋に社会的な型の講がある。これらのうち最も重要なものは、「同年講」つまり同年の人々の作る講であって、一年に四回、通常は陰暦の二月、六月、九月、十月に寄り合いする。青年達は二十二、三歳の兵営から帰ってから間もなく同年講をつくる。年をとると二、三年異なった年の者、例えば六十、六十一、六十二歳の者は合同する。一回の会合につき、二円が支払われる。この講の主眼は、同年齢の男が一緒に楽しく酒宴を開くことにある。時々同年講は同じ年というよりはむしろ級友たちで作られている。もし会員が死んだときは、青年ならば葬式に参加し、年寄りならば哀悼の意を表して弔問する。会員の結婚式のあとには、会員は「茶のみ会」にくる。また「馬車講」という社会的講があって、この会員は荷馬車の馭者の仲間に限られている。一月に一回会合して一円支払い、買い落し人には十五銭の利子がつけられる。

須恵村には山村の五ッ木から多数の人がきている。奉公人として働きにきたためとか、分家したり、養子になったためである。彼らのあいだに五ッ木の者を援助するために、五ッ木講と呼ばれる社会的講が形成されている。須恵村にはこんな講がただ一つあるだけである。また「養蚕講」があって、十七人の会員をもっている。会費は三円で買い落し人は七十銭の利子を支払う。会合は一年に三回――以前は上簇の後――催される。それは三度の蚕の掃き立てに失敗した男によってはじめられた。

「同年講」に当るものが、「婦人の講」である。やはり歌ったり踊ったり飲んだりするための主として懇親会である。講を作るための同じ年の土着の婦人が沢山いないので、同年という条件は重要でない。同じ年の娘たちはほかの地方へ嫁にいくが、花嫁として村入りする女は、同じ年のグループの中で友情が深まるとは限らない。村内で結婚した婦人のグループは同年の宴会をすることがあるが、特別な講はもたない。婦人の講はくじ引き型でグループによって夫々五十銭から三円までいろいろ変って支払われる。買い落し人は十二銭または二十二銭の利子がつく。十五銭または二十銭が会合の食費に寄贈される。焼酎は一部分は宿主から、一部分は会員たちがもってくる。通例この日の宿主の夫が会合に出席するのは注意される。彼は帳簿をつけているのであり、上座に坐る。会合は一年に四、五回開かれる。時には婦人の講は「布団講」とも呼ばれる。この場合は新しい寝具を買うことが期待される。婦人の講(表面上は宗教的団体である)の種類に、「観音講」がある。観音像を安置している須恵村の禅寺の婦人の社会的集まりである。各会員は多少の米と二十銭とをもちよってくるが、これに対して寺は焼酎と食物とを出すのである。僧侶は説教をし観音に供える金を集める。それは新年と更にもう一回会合する。

部落によっては一年に二回、陰暦の一月と九月とに、別の半宗教的グループである「伊勢講」を催すために会合する。これは「組」の項で述べたものである。それは組をふくむ唯一の講であり、厳密に部落の行事である。

講の寄り合いは季節的周期をもって開かれる。経済的講は稲の収穫後の二、三ヶ月のうちに集中して開かれる。同年講は野良仕事が余り忙しくない期間に、一年に三〜五回開かれる。即ち

(1)正月　(2)春の彼岸の休日　(3)七月、田植えと草取りの終了後

(4)秋の彼岸　(5)それから収穫の後である。

婦人の講の好都合の会合の時期は三月——花が咲き、焼酎を飲むのによく、家の中から花を眺めるのにいい。六月——田植えが丁度終り、人々が休息をとる。十二月——年の終りを祝う。この会合はしわす講といわれている。雨傘や荷馬車の馭者のような講は、田植えが行われている六月というような非常に忙しい月をのぞいて毎月開かれる。

講の分類

Ⅰ　講の社会的経済的種類	Ⅱ　講の地域的種類
A　主として経済的なもの	A　部落

米　貨幣　家　屋根

B　一部経済的、一部社会的なもの

家畜類　雨傘　寝具　靴　蚕

C　全く社会的なもの

同年　同地域　婦人

D　一部は社会的、一部は宗教的なもの

観音　伊勢　寺

雨傘　靴　伊勢　家

屋根

B　村

観音　家畜類　同年　五ツ木

婦人　米　貨幣

C　都

寺　貨幣と米

共同の多くの形態――「組」、「講」、「かったり」、緊急時や死亡の際の共同体の手助けや援助――凡てこれらは、とくに「部落」や「村」において、時には親戚のあいだにおいて、団結の力として役立っている。一般に共同作業は部落や組の地方的集団の機能であり、広い意味の家族の集団とは異なるものである。既に指摘したように親類の集団は葬式や結婚式など種々の場合に集まる。しかし地方的集団は葬儀や結婚式について準備するための共同労働をするのであり、他方、親類の集団は単にその重要な出来事のためにみな一緒に集まって、喪に服したり、或いは祝ったりするに止まるのである。

部落の人は葬儀などのような緊急な場合には、もっとも速くまた誠意をもってきてくれる。家屋の建築にも部落民が集まってくれる。この共同労働の形態に部落的団結力を見ることができよう。そのうえに、このような出来事が親類を集めさせ、それで広い意味の家族をつくり上げる団結力になると考えられている。橋梁修理やその他の共同体の事業は部落的団結力であるが、これはある家族が死に瀕している場合とか、家を建築する場合に、その家族に何かの影響をおよぼすようなことはしない。「かったり」も部落全体に影響するのではなく、近所四、五軒のグループの会員のあいだの絆を強化するのに役立つのである。時には親戚もまた田植えの手助けをする。組は一方では全部落に間接に影響を与えるが、実際は順番が廻ってくる毎に、一緒に働く各組の三、四軒の人々にだけ影響する。幾つかの部落の人々を結ぶ絆は講である。ほかの共同形態とは異なって、講の会員はまた社会階級と関係している。こういうグループの成り立ちについてはつぎの章で論ぜられるであろう。

貨幣経済が村に進入した結果は、田植えの請負人制度の利用の増加と、覚井の商業部落における「組」および「かったり」の崩壊とが見られる。また中島における田植えの「小組合」の組織は、産業組合が前の部落機構にとって代わりつつある例の一つである。

7　贈答

小さな農民社会にあっては、社会関係を維持する一つの非常に重要な方法の一つは、贈り物のやりとりを通じてなされている。贈り物は同等の価値のものを返納する義務をともない、また答礼の訪問を含んでいる。親戚間の大がいの贈り物のやりとりは、祭礼のおりになされる。それで祭礼は家族間の結合を新たにし、また強めることになる。出産、結婚、死去など一生の重大時には贈り物のやりとりをすることになっているが、これもまた家族を結びつける役割を果たすのである。

受けたものと同等の価値のものを返礼しなければならない義務というものは、協同活動の組織にすべて関連している。この最も顕著なるものは「かったり」にみられるが、ほかの形にも表われている。堂のまつりの当番の組の人々は、茶代に寄附された金を貯え、家の建築に手伝いにきた者はのちほど自分のときにも手伝いしてくれるものと予期し、そして食事や酒の接待をうけるのである。緊急の場合や葬儀の手助けも同じである。協同活動のなかで、この原則が行われないものは、道普請や橋梁の修理などの村の公務としての協同作業の場合である。その理由はただ村の作業を遂行するときには同時に互いに助け合っているので、返礼のしようがないからである。

協同作業という手伝いの形式に含まれる労働および物品の交換とは別に、この村落社会には多くの贈り物のやりとりの著しい形態がある。この際にマリノウスキ教授が互恵の原則とよんでいるものは非常に注目される。（しかしながら、大部分の交換方式は、純粋に実用的なものであり、儀式の贈答の場合でさえ、魔術的・超自然的な義務観念は含まれない。）この原則の最も入念で最も形式的表現は結婚の場合であり、長期にわたる複雑な順序をもつ食物と物品の贈答が、新郎、新婦の家族のあいだで行われる。また葬儀や家の建築の手伝いは、労働の当座の報酬以外に食事と酒の出ることを期待している。名付け祝いや、その他の会合に招待をされれば、その宴会で御馳走になる食糧と飲物とに値するほどの一定量の米と酒の贈り物とを持っていくのが慣例である。

米は最も普通の贈り物であって、どの講や組の集会にも、また追悼会や葬儀や部落のどの会合にも――食事の出るすべての場合に持ち寄られる。更に名付け祝い（普通の贈り物である赤ん坊の着物の布に添えて）、盆や正月の集まりにも用いられる、もっとも後の二者には、普通は餅か菓子が贈られる。病人の見舞には、米ではなくむしろ卵、菓子、野菜、果物等の食べ物を持っていく。病人が死んだら、これは使われずに米が用意される。どんな贈り物にも、お返しの贈り物をして礼をつくさねばならない。御馳走が出される会合や追悼会には手をつけなかった御馳走は家へ持ち帰る。会が終らない前に、客は自分の重箱をもってきてもらって、御膳から御馳走をみんな重箱に入れ始める。私的な訪問の場合――病人を見舞ったり、商売のことを相談にきたり、新鮮なトマトとか茄子をちぎってちょっと友人の家にもってきたとかいう場合――には、「おうつり」というお返しを受ける。容器は空で返してはならず、家に新しい野菜とか卵とかがあればそれを入れる。なければ餅や菓子でも――これが造れる休日のすぐ後であれば、――入れられる。蠟燭二本またはマッチ一箱でいい。もし全然返すものがない場合とか、突然多くの人が来たような場合（例えば病気中とか、屋根葺きの間とか）は、二枚の半紙が入れられる。

通常、贈り物を受けると、二、三日後に「お礼」の贈り物をもって挨拶に行く。この贈り物は、始めの贈り物に対する「おうつり」の如何による。小さいものであれば、「お礼」の贈り物は立派なものでなければならぬし、いいものであったら、「お礼」の方は多くなくてもよく、或いはやめても差支えない。「おうつり」は始めの贈り物が、好意の償いに頂いたものなら返されない。また贈り物が家に送られたものであればお礼はされない。この場合には単に重箱のなかに「おうつり」を入れて返すだけである。

形式上の贈答の大要

1　労　働

「かったり」——労働に対しては労働。

「手伝い」(または「加勢」)——以前の好意に対する労働、あるいは「お礼」に後で報いる労働。

たとえば娘が宴会で手伝いをする場合。

2　貨　幣

正規の講(頼母子講)——資金援助・返済には貸付金に対して利子。

送別の贈り物(餞別)——返しに旅行先の贈物。

3　重箱に入れてもってこられた米

A　懇親会、御正忌「供養」その他。集合で使った焼酎以外は返されない。

B　村入りの宴、惜別の宴、返しに酒宴。

C　葬儀。返しに焼酎と御馳走。(焼酎、幕旗、香典を持ってくる親類は、返しに料理を出されるが、それは部落の手伝い人より多い)。

4 米と焼酎との貰い物

A 追悼会。返しに焼酎、御馳走、菓子。

B 名付け祝い。返しに焼酎、御馳走、菓子。

C 「茶飲み」(結婚式後)。菓子に焼酎、御馳走、菓子。

5 「みやげ」をもっての訪問――季節の新しい菓子、野菜、果物。返しに家にあるもの、または二枚の半紙。

6 「みやげ」に対する「お礼」――もらった贈り物より良いもの、又その時受けた返し(おうつり)が小さければこれよりずっとよいもの。返しに紙。

7 前の好意に対する贈り物の「お礼」――米とか他の食物。返しに小さいおうつり、普通は紙。

8 病人の見舞――米、焼酎以外の食料品。返しには家にある食物か「おうつり」の紙。

9 屋根の葺き替または家の建築の贈物(茶)――豆腐二丁かお茶、または食用品。返しに紙。

10 盃のやり取り。

11 談　話

こういう一般の贈答のほかに、結婚式には、両家の間、更に仲人とこの両家の間に特別な贈り物のやりとりがある。また周旋の報酬として、馬や財産の売買の仲介人は、その交換取引に両方の側から贈り物を受ける。

人々はこのような贈答には非常に厳重である。子供が溺れた家に手伝いにきた部落の者が、酒の振舞いが少ないときは、後で不平をいい合うこともある。結婚式の宴会には、近所の婦人たちが台所の手伝いをするが、後で貰う贈り物を誹ってこの家をけちだといったりする。

これは表面上はうまく行っていて、漠然と十分なように見える組織である。だが手伝い人は自発的な手助けのお礼があまりに小さいときすぐむくれる。以前は葬儀や他の行事に大げさなまた感銘を与えるような儀式、宴会をしようとしてその家は度々憂慮しなければならぬ程の借金をしたことがあった。今日では葬儀には各部落毎に番帳があって、それにはその家族が手伝い人に出すと期待される料理や酒の正確な量が記載されている。

もし適当なお返しができないほどの貧乏人になると、普通次の二つのうちの一つが選ばれる。㈠娘を遊廓へ売る。㈡村を離れ鉱山へ働きに行く。娘を売っても苦しみがなくなることは滅多にないのであり、後にはどっちみち村を離れて鉱山へ行くようになる。

贈答の組織は、商業部落において漸次厳重になり、個人的色彩は一層弱くなる傾きがある。役場の吏員や店屋にあっては、米や物品に代わって貨幣が頻繁に使われる。以前は盂蘭盆会には部落中の人が菓子や提灯の贈り物をもって、その年に亡くなった人の各家族を訪問したのであったが、今日は多くの部落では各家が一〇銭ずつ出し合って、代表一人が遺族を訪問してその金子をわたすという新しい慣習が行われている。富裕な地主たちは田植えに契約労働を用い始めている。店屋も直接に人を雇い、受けた物品や労働には現金を支払っている。これで因襲的な贈答の義務をふくむ煩わしい社会関係も、まるで無しで済ませていけるのである。このもっとも著しいのは換金作物用に梨園を経営している人の場合である。彼は部落とは関係を結ばない。最近に家を新築したときは、賃銀労働によったのであった。部落の近所の人たちは、もし彼の家族で誰かが死ねば、手伝いを雇うことになるであろうといっている。大概の人は手伝いと贈り物のやりとりの古い慣習をまもっているので、村ではこのようなことはまだ例外的である。

① 「組」という語は簡単には、日本語のグループを意味する。しかし英語では漠然としており、ここに述べたように限定する。

② 薬師と「堂」のなかの他の像については第七章を参照。

③ この祭は大抵、旧暦の十五日の満月に行われる。第七章の参照。

④ 日本には重要な三十三の観音の系列があるが、これはその模倣である。(Kaempfer, History of Japan〔3 Vols. London, 1727〕II, 339 参照。

⑤ 部落にはそれぞれの場合によって違った組があることは注意される。

⑥ 協同労働による橋の建設の項を参照。

⑦ これは封建時代の街道についての強制の名残りであろう。

⑧ 第三章、歌と踊りの項を参照。

⑼ 稲田に模倣の弓矢が案山子に立てられる。多分は稲を害悪一般からまもるためのものであろう。
⑽ 葬式の、より詳しい記述については第六章参照。
⑾ 小泉弘一、「農村の労働組織の型としての『ゆい』の習慣について」(帝国農会報告書二十五巻第八―一〇一九三五年。)この論文は、日本のこの慣行についての分布と多様性を示している。
⑿ 講は辞書にはクラブとか組合と定義される。ところが球磨では、相互扶助の団体というもっと特別の意味がある。滝川政次郎氏は社会科学辞典で、講を無尽と頼母子の語で示している。日本のこの制度の年代については「その起源は鎌倉時代まで遡りうる、頼母子についての一二七五年高野山文書がこの最初の資料である」とする。支那のこの制度の資料は Daniel H. Kulp, Country Life in South China (New York, 1925) と H. T. Fei, Peasant Life in China (London 1939) とにある。
⒀ 一斗は〇・五一ブッシェルである。

第五章　社会階級と団体

1　社会階級

明治以前には大名、武士、農民、職人、商人の固定した厳格な階級区分があった。須恵村においてはこの階級区分は、わずかの職人と、一人かそこらの武士と、大部分を占める農民階級を意味した。武士に加えて、中島にはかなりの数の足軽もいたようである。今日の上流農家にはこれらの足軽の子孫がいる。

現代の階級区分は、容易に定義できない。富に基礎をおく新しい階層群と「古い」土着の家族とが混在しており、土地を所有する農民は経済的にも社会的にもよく、村役場の吏員や教員のような新しい職業の階級も成長している。このようにして須恵村の今日の住民たちは、町ほどではないとしても、かなり広い範囲におよぶ階級分化をなしている。彼等を六つの部類――勿論このような分類は多少は専断的であるが――に分けるのが都合がよいようである。ここに使用した階級の命名法は、ロイド・

ヴァーナー Lloyd Warner 教授によるものである。

1 最上流階級――此の階級はどの「部落」にも三人以上はふくまれない。彼等は学校の行事には上席にすわり、家を訪ねれば正客としての扱いを受ける。村長や校長がこのグループに属し、須恵村はえ抜きの旧家の人々であり、一人をのぞいてすべて地主層である。この一人は武士の子孫であり、むしろ貧乏ではあるが、家柄の故に問題なくこのグループに入っている。十二名の村会議員の大多数はこの階級に属している。これらの家は養蚕を営み、三名位の奉公人を雇い、通常は二頭以上の馬を飼っている。部落はいうに及ばず村の指導者でもある。

その子弟は通例、村から離れて上級学校にあがり、また須恵村から大学にいった少数の家庭もこの階級のものである。村では彼等は上層部に入っているが、附近の町ではほぼ中位の上流階級に当るのであり、次の四つのどれかの理由のために、町でも社会的な地位をもっている。

(A) 農学校や女学校の生徒の父兄として

(B) 多良木組合病院の組合員として

(C) 町に経済利害関係のある資産家として

(D) 町のよい親類を通じて、

2 上流階級――この階級は、川瀬のように富裕な部落には五、六人はいる。この階層の人は、社会的に選ばれた職業の人でも無ければまた必ずしも学校の儀式に上座を与えられる人でもないが、常に歓迎される人である。部落の区長や村会議員が若干ふくまれ、すべて土地を所有する農家である。村全体の指導者ではないが、部落では指導者である。子供たちを上級学校へやっている者もある。養蚕を営み、作男も二、三人雇い、一、二頭の牛や馬を飼っている。

3　上層中流階級——この階級は裕福な店屋の大部分を含んでいる。しかしその商売を通じてしばしば上流階級に仲間入りすることもある。区長のあるものはこの階級である。村会議員はおらない。この上の階層からでるのである。教師はこの階級の出である。妻は養蚕を営み、また商売をやっている。この階級に属する小地主はしばしばいくらかを小作している。作男が必要なときには一人を雇う。

4　下層中流階級——小さい店屋や豆腐屋がこの階級に属する。この階級の農民はあまり裕福でないが、養蚕(山間の部落を除いて)を行っている。狭い農地の所有者と小作人との両方がある。雇人はいない。子供は奉公人になって出稼ぎする。

5　下流階級——この階級の人は、部落の共同の行事には仲間入りできるが、婦人の「講」のようなより小さい社会的行事にはふくまれない。また養蚕組合の組合員でもない。子供たちは時たま、雇い人として出稼ぎする。農地はほとんど所有していない。土地の生れでもない。

6　最下流階級——この階級の人は部落のどの行事にもふくまれない。臨時仕事で出稼ぎをし、子供たちは雇人となって村を出る。土地を全然もたず、須恵村の生れの者でもない。

階級のグループは経済的なグループと密接な関係がある。最上流階級のもののなかで、ただ一人だけが金持でないが、武士の子孫であるため、いまでも村の儀式の際には上座に坐ることになっている。しかし日常生活では、覚井の中流階級の人たちとほとんど変わらない。以前には裕福であったが、財産を浪費したのである。彼は息子を持たず、孫娘に迎える養子は、最上流階級からと限らないことは至極当然であろう。上流階級は古くからの土着の家族であり、下層階級は土着民ではない。村の支配階級を形成しているのは、安定的な上流の人々であり、首脳部や村会議員もこの階級に属している。

店屋や仲買人は中流階級におちいる傾向があり、他村から転入してきた者である（中流階級の農民は通常、土着民であり、また近隣の町々では店屋がしばしば土着民である）。店屋は農民よりは移動し易く、土地に強く結びついていない。須恵村出身の教師はすべて中流の店屋の階級の出であるということは注意される。下層階級から、村の最上流階級に対するどのような疑問も提出されたことがない。店屋は金持ちの旧家の地主のようには高く評価されていない。このことは幾分はその商売のためでもあり、また村の生れでないものが多いことにもよるのである。

結婚はその社会階級の内部で組合わされる。上流のものは花嫁を上流家庭から、中流のものは中流の家庭から迎える。しかし娘たちの結婚にはひとつの微妙な傾向がみられるのであって、良い働き手であれば、多分自分の家庭よりも、社会的に高い家庭に選ばれることになる。養子は同等の間に行われるという一般原則に従う。兄弟はその一人が良い家庭へ養子にいくことになれば、異なった階級に属することになる。弟が分家すれば通常長男より一つ下の階級になることになっている。

社会におけるこれらの水平的階級の層畳は、そのどれもが厳重なものではないが、なおこのほかに職業的な階級の集団がある。土地所有の農家は上流に属し、貧しい土地を持たない農家でも、その地位は貧しい非農家よりも高い。少数とはいうものの店屋は、経済的には農業から無関係になろうと試み、自らを社会的には農民と同一視しようとする傾向がある。仲買人は自分の職業を公然と示さないが、常に「農民」ということにしている。しかしこのプチ・ブルジョアは本来的にはっきりした多くの特徴をもっている。彼等は取引には米の代りに貨幣を用い、農民たちのやってるように、よく協同労働をしないのである。また地方の休日には特別の料理をつくる土地の習慣を守らず、そればかりかしばしば気取った、慇懃な田舎の風習について、とやかく語るのである。店屋も仲買人も町から妻を迎える傾向がある。その息子たちはしばしば教師になり、そして退職すると小さな店屋を開くのが多い。彼等はある程度まで近所つきあいをしないので、共同作業の割当てを実行しない普通の農民に対してなされている協同拒絶の制裁に対しても、彼等は服従しないでいいのである。

別扱いされる職業階級は教師たちである。店屋と同じく、土着民ではない。しかし店屋は部落に永住し、生活のために部落に依存するのに対して、教師はめったに五年以上は同じ村にいない。県庁から任命されるのであり、村とは関係がない。既婚者もいれば独身もおり、十人のうち三人が女教師である。彼等は文部省の指導要領にしたがって教えるのに毎日いそがしく、地方の習慣をあまり知っていないし、また気にもとめていない。その娯楽や交際はほとんど教員のあいだで行われ、農民と年に数回宴会で会うだけである。よく転任の発令があり、特定の地域にだけ愛着してとどまるわけにはいかない。教師たちの妻は、教師が農民から離れている以上に、農民の妻から孤立している。大部分は上級学校を卒業し、町の出身者である。農民の妻と違って酒も煙草ものまない。農村の女たちとは、高等教育や社会的洗練によって、共通のものがほとんどなく、気取り屋とみられたりしている。反対に村の女は粗野でやぼで、親切であっても田舎くさいと思っている。

未亡人は特別な社会的地位をもっている。彼女の夫が亡くなり、実際上でも夫の地位をたもたないので、どうしても再婚しなければ、またそれまでは正確にその社会的地位を規定できない。それに再婚しないかぎり、彼女は性的には全く自由である。そして近所の男たちの世間話の対象になり、また彼女自身も冗談をとばす間柄にある。この村では妾をもったり、免田の芸者屋に通えるほど余裕のある人は多くない。部落の未亡人はこの問題①のひとつの解決をなしているようである。

2 諸　団　体

団体は何らかの共通の利益によって、結ばれた人々の集団である。須恵村におけるもっとも重要な団体のうちには、「同年」の人々による集団がある。通常こういう集団は、「講」を形成している。種々の経済的な「講」は、また重要を団体を構成し、裕福な人々は費用のかかる「講」に入っているが、友情に基づく団体は金のかからぬものを形成している。寺院の門徒は、全村のほとんどが真宗であるため、それ自身は団体をなしていない。村外の講師が須恵村の禅寺にくるときは、真宗の信者も禅宗の信者も説教を聞きにいく。

婦人はすべて、禅宗派か真宗派のふたつの仏教婦人会のひとつに属している。少なくとも一人の婦人は二つの団体に入っている。仏教の婦人会は年二回、寺で会合がいとなまれる。寺にいくらかの寄附をし、説教を聞きそれから宴会が開かれる。時として金が京都の本山に送られる。信徒の一人が死ぬと、会の代表が贈り物をもってその遺族を弔問するが、これは同年会と同じ習慣によるものである。共通の利益のうえに更に密接に結ばれた団体は婦人の「講」である。社交的な「講」を形成する十人か十二人の婦人は大抵同部落のもの——すべて農家の妻で、同じ社会階級のものである。この団体はとても友好的である。

二、三の部落の年寄りの集団では農閑期に毎週集まる弓術会をつくっている。大きな木の下とか、きれいな泉のそばで矢を射って、それから何時間も焼酎を飲む。会員が死ぬと、会員たちはその葬式に参列する。この会には裕福な人が入っており、その多くは農家ではない。剣道や柔道が学校で教えられるように、これも精神訓練として尊重されている。

生花会は人吉からバスでくる生花の師匠の指導のもとに、毎週学校で開かれる。学校の教員の奥さんたちと一人の役場の吏員の妻だけが、これに入っている。それは大変なおしゃべりな会であって、学校の教師や近くの町の知人が盛んに話題にのぼる。また地方の慣習については、奇妙な事柄として話をする。「村」の婦人は生花会を少し軽蔑しており、他の人が加入するのを困難にしている。

日曜には音楽クラブが集まる、先生は人吉からくる。会員の一人の家に会合し、古典的な日本の楽器の琴や三味線や尺八で演奏したり、レッスンを受けたりする。この会は二人の男子と、少女を加えた六人ないし七人の女から成っている。男の一人は学校の教員、ほかは村でただ一人の大学卒業者で、婦人は彼の姉妹や従妹などで、会員はすべて中流、上流階級のものである。年に二回彼らは人吉から数人の演奏家を迎えて、学校で大会を開く。これが村の「文化」を広めることになり、また後で演奏者のうちの一人が造った焼酎が出され、親しさをますことになる。

実際どの農家の娘たちも三味線を、村の老婆や隣村の盲目の師匠から習う。この師匠は月に一週間か十日間、須恵村にくる。娘たちは幾らかの謝金を払って一緒にレッスンを受ける。彼等は数日ずつ続けて同じ家でみんな一緒に習い、次いで家をかえる。

最近は上流階級の若者のあいだには乗馬クラブがつくられている。

上述のようなクラブは、「村」では新らしいものであり、都市や町によくみられる音楽や乗馬そのほかのクラブに類似して、町の生活にきわめて接近してきている。上流階級や学校の教員のグループだけが、これらのクラブの会員であるということは注意される。ふたつの場合（生花と音楽）、先生がそのグループに教えるため地方の中心都市である人吉からきている。これらのクラブは新しい部落の階級集団が成長しつつあり、「村」の古い地理的集団に置き換えられつつある証左である。

これらの着実な団体に加えて、政府や学校が後援するいくつかの「団体」がある。

イ　在郷軍人会——軍隊にいってきたすべてのものは帰郷すると同時に、自動的に在郷軍人会の会員となることにきめてある。会は年に一回、村社で、死亡した軍人の追悼会を開くが、そのもっとも重要な行事は、熊本の兵営からくる陸軍将校が行う毎年の点呼である。ときには彼らは学校の運動会に参加して、演習などをやることもある。四〇歳になるとこの会から引退する。会には村ごとの指導者と部落ごとの副指導者がいる。この会は全国的組織の支部であって、村が分会となっている。

ロ　愛国婦人会——村の婦人はすべて名目上は、愛国婦人会に加入している。これもまた政府が後援する組織であって、村ごとに会長、部落ごとには副会長がいる。それは兵役から帰った人を出迎え、例年の在郷軍人会の会合、消防の競技会また都会からの高官の村の視察等にも食事の接待をする。白エプロンと愛国婦人会の名入りのたすきをかけるようにきめられている。ときどき支部の部落では、金を募って慰問袋を作り、満洲の軍隊や地震や火災で困窮している地方に送ったりする。村に洪水があったときも彼女たちは集合してその部落に食糧を配った。時々婦人たちは学校に集合して講演をきくが、この会の世話で行われるのである。活動の多くを見ていると、部落の一員として行動しているのか、それとも愛国婦人会の一員としてやっているのか、区別することはむつかしい。

男の団体、たとえば在郷軍人会は、外部の力によってつくられたものであるが、発足してからずっと積極的に活動している。けれども村の婦人たちを団結させて、共同体の行事にイニシアティヴと高邁な精神を示すような活動的な団体とするということはとても望み得ない。村のそれぞれの団体の長は男であり、名目上は、婦人は副会長となることはあっても、指導ということは不慣れであり、また尻込みしている。自発的な会合はせず、学校とか役場から指示されて会合するだけである。台所の改善、食物の調理、漬物の保存について話を聞いても、質問するというわけでもなく、終れば家に帰り、もう忘れてしまうのである。(政府の経済再建運動の影響を多分に受けた進歩的な村では、男はいろいろの問題をとりあげて、台所の改善に婦人を協力させたところもある)。会合は男教師が事前に起案した長いプログラムによって進行し、プログラムの全部は不平もなくして終了するのが普通である。

ハ　青年団——学校卒業後の若い男女は「青年団」「女子青年団」をつくっていて、たまさかに学校に集合する。男子は教練を受け、女子は裁縫とか調理を習うが、それらの中には会計的知識、生理学的講義がほんの少しあるだけである。彼等は学校の重要な行事には制服で駆り出される。男のユニホームはカーキ色のゲートル、ズボン、上衣からなっており、女のは地味な灰色の上っぱりを着物の上に着るのである。これも全国的機関の支部となっていて、村には団長、部落毎には副団長がいる。青年団と青年学校[②]との相異は、全く技術的なものである。年々二回、男女合同の会合が行われる。小遣銭を出しあって料理を用意し、車座になり、乱れぬ程度にはしゃぎまわる。各年代毎に分かれて座をつくる。結婚適齢期の娘は恥しがって出席しない。

二　消防組――どの部落にも消防組があって、手押しの消防ポンプを備えている。各家から二五歳から四〇歳までの男が一人出ることになっている。火事のほかに洪水や犯罪のあったときも出動し、部落ごとに編成され、村の機関に統合されて、組頭、副組頭、会計係をもっている。これは長がいない土着の「組」組織とは全く異なっている。村の機関は結合して国家的となり、皇族が名誉総裁となっている。消防のこの公共組織は新しいものである。以前は二五歳から四〇歳までの志願消防夫の組織は別になかった。山の部落――たとえば平山部落――はいまでもこの組織はない。火事の場合は、みなが共同で消火につとめるのである。

村外から導入されたこれらの団体のすべては、学校の儀式――たとえば明治節、点呼、卒業式、運動会――に非常に目立ってみえる。それらは村の団長や部落の副団長をもつことによって特徴づけられている。単に地方的な団体はどれもこれも、このような階級的組織をもたないのが普通である。前者は全てが国家的機関の支部となっている。村長はこれらの機関の大部分の名誉団長である。そして産業組合のように部落にかまわずに村として統一しようとする傾向がある。日常生活や簡単な集合には、団体は全く影響をおよぼしていないが、これらの国家的組織は、社会的及び職業的階級を包含する。事実また国家主義は、かれらの唯一の共通的基盤であり、ここにそれら団体の存在の鍵があり、国家的統一推進の手段として、国家の政策の一環を形成している。それでももし政府や学校が奨励をやめることになれば、自然に消滅するであろう。

3 社会的制裁

大抵の法律的事件は隣村の巡査が司る。一番近い警察署は多良木にある。そこには十人ぐらいの巡査と一人の私服が配置されていて、後者は出版物と外国人——球磨地方では、殆んど中国人——を監視する。多良木の警察は一月の消防の出初式や八月の在郷軍人の点呼のとき、須恵村に出張してくる。時には状況視察に村役場にくる。今年も平山の朝鮮人労働者が妻を撲殺するおそれがあったので逮捕にきた。隣村の巡査は、深田と須恵の両村を管轄するので、週に一度須恵村の役場にくる。消防の出初式や在郷軍人の点呼にも、また選挙の時には政談演説にも出席するが、唯二回彼は須恵村に法を施行した。一回目はある冬の朝、三人の流れ乞食が覚井にある二つの稲荷神社から御供米を盗んだときである。部落の若い者が捕えたが、ここの神主は検事のように振舞って荒々しい言葉で犯罪者を叱っていた。二回目は溺死のあったときであるが、また大した仕事もなかった。部落の人々は既に遺族を助けて、川の土手あたりを探しまわり、死体が発見できますようにと、祈禱師のところへいっていたからである。彼の仕事は部落の消防夫に死体を救助するようにということであった。消防夫は実のところ「部落」の隣人として手助けをしていたので、その出動は公務でない救助を公務とすることになった。このことは、婦人会が公の組織でもないのを公式のものにするのと似ている。大体において村の人々は県の警察なしでうまくやっているのである。

部落民に対する地方のもっとも強力な制裁は、協同を拒絶することである。断われた男は家の建築・屋根の葺きかえや田植に手助けを受けられない。講にも入れないし、埋葬の「手伝い」もうけられない。農民にはこのような手伝いは絶対に必要なものであり、農業部落ではこのような制裁をやらねばならないということはほとんどない。数軒の小さい店屋のある部落——たとえば、覚井——には農民と店屋の間に経済的利害関係が一致しないので、誤解や不和が起ることがある。さらに進んで、自発的な「手伝い」に依存しない店屋に対して、協同拒絶という制裁が下されると彼は現金で商売しているので、人を雇い入れることができる。ときたま店屋は罰金を支払って、部落の協同作業に参加するのを免れることもある。このようにして商業部落では、ほかの部落のようにはうまくいかない。町ではこの傾向は一層著しく、ここでは部落的観念はもう全く制裁力をもたない。そこで町では警察が活躍するのである。

制裁には非協力というやり方のほかに、一種の嘲笑するということがある。これは多く若者になされる。青年男女が伝承的な行事をやるのに気を配るのは、実は誰かが嘲笑しないかと怖れてのことである。部落の人々は噂が拡まるとすぐ、その本人を嘲笑う。年配の人は、このような制裁を蒙らない。というのは男でも女でも六十一歳にもなると、上手にやるからである。これは特に数十年にもわたって娘・妻として、圧えつけられてきた老婆によくあてはまる。彼女は永い間、男に口答えもせず、仕事を休むこともなく、また若いものに働けともいいつけなかったが、今こそこれが自由にやれるようになったのである。齢をとるにつれて、男のように大胆になり、厚かましくなる。

もし姦通が露見したときは、夫が妻の愛人と争っても、社会はかかる場合の処罰の権利を有しない。女には不貞な夫を罰する手段はないが、夫から去ることはできる。そうして強固に相手に対する憎悪を示す。傷つけられた妻は嫉妬深くなり、須恵村では、妻は会合の席上で夫のその女と同席することを拒んだ例がいくつかある。もっとも前には警察沙汰になる前に、部落社会の中で別の制裁があったかもしれない。

4 「忌　避」

須恵村の人は、面と向っての争い事はずっと避けている。集まりのときなど最初の発言には、ほかの者は皆うなずき、次の人の意見がこれと全く異なっていても、また同じく納得する。仲介の原理は直接的にやる厄介な事態を避けることにある。③ 結婚という重要な社会的契約に、一人でなく二人の仲人が入ることによって、この原理は頂点に達する。仲買い人を生み出したのは、ちょうどこういう仲人が必要なためである。結婚の仲人のように、彼は両方から報酬を受けとる。仲買い人が農民から極度に嫌われ、軽蔑されるのは、この職能を悪用し、利益ばかりを目当てに仕事をするからである。

厄介な事態を避けるもうひとつの方法は、その事態が起っても、そしらぬ風をすることである。若者が夜に、手拭いで顔を包み、よばいに行っても、知られることはない。娘はすぐ相手が誰であるかを知っても拒絶するのであれば、「知らない」ことにしておくことが、双方ともに都合がよい。それで翌日、彼らが道で行きあっても何でもないのである。また訪問客が家にきたときに、主人がきちんと服装を整えていないと、知らん顔をして部屋を出て行き、着物をつけてから、ふたたび現われて来客に挨拶をするのである。

葬式のとき、親類一同と手伝い人たちとは別のところで食事が出される。双方ともほかの者がそこにいないかのように振舞うのである。また嘲笑の制裁を認めるということは、厄介な事態にひっかかることの非常に恐怖心にほかならない。ある少女が「堂」の祭りのとき、自分がうまく料理ができないので、参詣者が気づくかもしれないと思うと、豆さえ煮ないのである。時に年若い者は羞恥心から尻込みするのもこの類である。

5　「不適合」

肉体上の不具は、須恵村では必ずしも普通の生活を不能にするものではない。須恵村には数人の跛と精神薄弱者がいるだけである。いまは未亡人である一人の聾で唖の婦人は、うまく家庭をきりまわし、部落の行事にも出席し、宴会で踊ったりする。一人の精神薄弱者は、盲目であり、条件が一層不利なのであるが、それでも家で子守りをしている。強固な協同活動に対してきわめて不適合なのは、むしろ利己主義者である。結局村から転出していく。暮しのよくない人で、有望な満州に移住した例も多く、同じことがほかの土地からアメリカへ移民した日本人にもいえる。

大学教育を受けた人は、「村」の型に適合しない。大学にあがった七人のうち、たった一人だけが村へ帰って住みついているだけである。彼は自らの運命に少しも満足することなく、田舎にいついて農民となってはいるが、彼の頭のなかは須恵村の風俗習慣を変えようと、いつもざわめいている。④特別な彼の身分は、適当な花嫁を探しだすのがきわめて困難であった。農民であるために、高等教育を受けた女はこないし、また教育があるために、農民の娘では満足できないと考えられた。最後の妥協は、特に高くはないが世間並みの水準の家で、学校もでている人吉の小さな店屋の娘ということにきまった。

女性の移住は、男性のそれのように自由にはいかない。日本の慣習によって、女性は当然に夫には常に従順な妻であり、忠実でなければならぬとされた。夫の働くところに、住んで働かねばならない。それで協同労働をしない女は稀れである。彼女が何か変わった特別なことをやると、「やかましい」(「うまく折り合っていけない」)女だとよばれて嫌われるし、恐れられる。ときには二年間ほど工場へ働きに行っていた女は帰っても村の生活に満足しない場合がある。

婦人の最もよくある苦情は、その社会でなく、彼女らの性生活についてである。精神錯乱やヒステリーの多くは、明らかにそれによるものである。ヒステリーという言葉は不安定、神経過敏、混乱をおこしている女に使われる。村の社会では、娘は自分の結婚について何も話しあいすることなく、また性的満足について夫から与えてくれるものを受けなければならない社会である。男は好きなことがやれるが、妻は抗議もできない。彼は家によりつかず、免田の芸者屋へ行くこともできる。けれども女は男のような権利をもたない。宴会の女の踊りに性的な性質があるのはこういう事情のひとつの結果である。男は歌をうたい、手を叩き、どちらかと言えば無邪気な踊りをするが、既婚の女は、興にのってくると、爆笑に終る合唱にあわせて、性的な真似ごとやその誇張に入りこんで了う。これが一般に認められた感情の表現方法である。女が酔わずにそのような滑稽に耽ったり、そしてもっと積極的に男を口説こうとする傾きがあれば、その「異常さ」はヒステリーである。通常ヒステリーにかかっている女は家に閉じ込んで、会合には出ない。大部分の婦人の精神的な病気は「子宮に始まり」そして頭に上るといわれている。

6　芸　者

須恵村には、娘を芸者に売った男は八人ばかりもいる。一人は講の債務を持っていたので、娘を熊本の遊廓へ売り、まだ少しの債務が残っていたので、二番目の娘も売った。もう一人は、妻が死んだが、貧乏で飲酒の悪癖があり、娘を多良木の町に芸者に売った。⑤このように娘を売った人達はいつも貧困である。彼らは村の土着の者でなく、旧家でもない。自分の娘を売っても、軽蔑されはしない。まず高い社会的地位にない者だけが売るのであり、仮りに貧しくとも、農業で確固たる社会的、経済的基礎の上に家庭をうち建てようとする人は、こんなことは決してしない。

娘は売られたなら、最初の契約期間は普通三年であるが、決して村へ帰ることはない。町や料理屋を転々と鞍がえし、故郷から遠く離れた町に、小さい飲み屋をやるのが精々であろう。年がいって自分で芸者屋をやるものもある。結婚は殆んどせず、時には、身受けされて妾となる。結婚するときには、料理屋の持ち主が父親となる。⑥

① 明治以前、日本の上流階層では未亡人は再婚せずに、亡夫の冥福を祈るものとされた。この厳重な規範は農民には通用するものではない。

② 第二章、学校の項の参照。

③ 同じ忌避の型は、中国の田舎に見られる。Daniel H. Kulp, Country Life in South China (New York, 1925) p. 99.

④ 彼は村に音楽クラブと乗馬クラブをつくり、キャベツやホーレン草のようないくつかの新鮮味のある野菜を導入した。最近、電気のない平山部落に、馬を利用した製粉機を採用する計画をたてている。

⑤ 田舎の芸者は淫売婦として働く。

⑥

芸者は日本の社会機構において、重要な機能をもっている。妻は家庭的理由によって結婚する。つまり子供を産み、着物を繕い、料理をするためである。妻の義務は夫を愛するためであることであり、彼のために働くことである。妻は女中とは異なり、女中は愛情なしに仕事をする。妻は女中よりはましである。家庭内のこの忠実な奴隷が、いかに申し分のない、好ましいものであっても、妻としての不変の柔順さは満たされねばならないものを残している。それは如才のない、或いは外観上利口な女の会話、たとえばある人が他を嘲笑したとか、ある人は愛をいだきながらもそれを思いきるふりをしたというような話などにみられる。小さな事業家、村の公務員、中産階級は、妻の内にこのことを見落している。そのために日本の社会には芸者が必要であり、且つ存在する。妻を女として愛することはきわめてまれである。

農民にはこのことは必要でない。まず第一に、女は農民の生活では、極めて自由であり、上層の女が言ったり行ったりしそうもないことも彼女らはやらかすのである。そのために農民の妻は芸者のように着飾ることはできない。宴会では芸者のように、思う存分笑い、ふざけ、踊るのであろう。これらの宴会では男も女も思いを述べるのにいい機会である。

第六章　個人の生活史

須恵村の各個人の一生涯には、これを通じて生活共同体に即したさまざまの身の上の変化を示す重要な事柄が含まれている。男性の一生の主なコースは、学校・軍隊・それから結婚生活へ入って戸主となり、年老いて死んでいく。女性はこれと少し異なっていて普通は戸主にならない。人生展開の諸行事に際しては、部落人や親戚の者が相い寄り相い集まって、酒宴を催すのであって、ここに部落と血縁関係による個人の身分変化が認められ、場合々々に応じて次に記述するようないろいろの型の集まりや贈り物のやりとりの仕方がみとられる。

1　誕　生

須恵村では分娩はいつもきまって、できるだけ内密裡になされる。お産をする時には決して女は大声を上げない。[①] 農夫達は産児制限について、話として聞いてはいるが実行していない。ただ教師に子供が少ないのは実施しているからにちがいない。村には堕胎の事実はなく、近年になって唯一の例として貧しい転入者の家庭にあっただけである。[2]

子供の生れたのがわかると、すぐさま近所の者は滋養になる飴菓子の贈り物をたずさえて見舞いにいく。出産後の食べ物についてタブーのようなものはないが、柔かい御飯、鯛、鰯、スープ、野菜が母親にすすめられる。それでも母体の健康を気づかってただ南瓜とか肉とかある種の魚やお菓子は、人によって摂ることを避けている。[3]三日目には産婆、親類、知人それに赤子の両親の結婚の仲人が招かれて、名付けの式が行われる。産婆ははじめに到着して赤ん坊に湯をつかわせ、それから「床の間」のまえの正座に坐らせられ、料理とくに魚の吸い物とお祝いの菓子とが出される。お菓子は、干した米の粉をねって鯛、松、葡萄、それに日本では伝統的に幸運と長命との象徴である亀や、桃から生れた桃太郎とかの形にして、つくられたものである。桃は日本では女の性的象徴であり、[4]桃太郎は有名な伝説的英雄で養父母に富と幸運とをもたらしたといわれている。貧しい家では土地の菓子屋から買ってくるが、裕福な家は近くの都会から取り寄せる。父親は産婆と酒盃を交わし、それから他の客たちと汲み交わす。酒が一巡してからその子の名前の選択、命名が行われる。

命名の普通の方式は出席者がいくつかの名をあげて紙に書きつけ、小さく捩って紙籠のなかへ入れる。産婆は仏壇から珠数をとって床の間に据えてあるお神酒に捩を浸し、それから紙籠に入れる。紙よりの一つがくっついてくると、産婆は開いてその名前を読みあげる。一同に異論がなければこれで決定されるが、好ましい名でない場合は産婆はさらに他のを同じように試みる。すでに父親に意中の名がある時は、その名に決めることもある。かような席には招かれた家からは誰かが一人来ることになっている。誕生祝いの贈り物は、

㈠ 親類や知人は赤ん坊の着物を反物のままでもってき、名付けの儀式に出るときは米と酒をもってくる。

㈡ お客は返しに御馳走に酒を振舞われる。時には一ヶ月してから、両親が産婆のところへ赤飯を炊いて礼にいく家もある。

この名付けの儀式は赤ん坊にとって最初の共同体加入のあかしであって、名実ともに村を構成する一員としての人格が認められることになる。生活共同体でもその新加入を祝って十分に酒を飲み、古い民謡とか踊りによって相互の誼みを深くするのである。子どもの出生は、夫婦には結婚式よりも一層強く永遠の結合を意味しているけれども、実際問題として、結婚届は子供の出生後でさえも村役場にとどけられ記録されることのない場合が、間々ある。子供の出生によって始めて、嫁が近所の人々のあいだで、だれそれの妻として明確な地位を与えられ、煙草や酒をたしなむことを認められるし、性的な冗談も言えるようになる。名付けの儀式の数日後には、父親が役場に出生届を出す。私生児であれば、名付け祝は行われないのが普通である。男子なら三十一日目、女子ならば三十三日目に母親は着飾って村の氏神へ参詣のためにつれて行く。子供は絹の晴着をきせられ、生れてから一番危険な期間を生き抜いたことは氏神の御加護によるものとして礼詣りするのである。観音堂にいく場合もあ

る。観音は「母の神」とされ、受胎のため安産のために祈られている。男が産婆をよびにいく途中に観音堂へ燈明をあげることもある。名付けの儀式に招かれてきた人や贈り物をもってきた人には、赤飯とダンゴとかが返しにさし出される。

この日の行事は、「ひあき」（地方により「いみあき」）とよばれ、この日までは子供は川を横ぎるようなことはしない。誕生期の終りからのちは、新たな段階に入ることになるし、つぎの子が生まれるまでは母親が守り育てる。なお乳が足りなければ重湯で育てられる。

2　教育と学校

子供は最初の一年ぐらい家中の愛をその一身に受け、母親の胸に抱かれ、甘やかされる。ところが一、二年もしてつぎの子が生まれてくると、今度は母親の細かい注意と愛情とはすべてその子に注がれることになる。そこで子守りや姉に背負われ、やがて戸外に出て遊び近所の同じ年頃の二、三歳の幼児たちのグループの一員に加わるようになる。子供は戒律に基づいてでなく、母親からくりかえし一つずつ行儀をしこまれていく。幼い子供たちに親しかった父親は、子どもが成長するにつれて厳格になるので、かえって子どもたちは母親に対して強い感傷的な愛情を抱くのである。

四月の新学年に満六歳に達すると、子どもは父とか母につき添われて、村社の諏訪神社に詣でて先生や上級生と一緒に神主から道徳や日本の国の強さ、天皇の偉さ、神の尊さを聞かされ、文部省発行の一年生の修身教科書⑤が手渡される。子供にとってこれは、部落や村を超えた世界との最初の接触である。お宮での行事がすんでから生徒としての新しい黒色の制服をつけて登校する。それでこの学校ではじめて近郷近在から来た友人と会う。その後の六年間の学友どうしの結束は、非常に緊密なものがあるのであって、将来とも村の統一に重要な意義をもつことになるのである。

校舎は一、二階建ての木造で、村税と県や家の基金で建てられている。学校へは二哩も三哩もの遠くから通学するものもある。上級生は道を教えてくれる。途中で鬼ごっこしたり、追かけごっこしたりしてとても賑やかである。校庭には奉安殿があって皆礼拝して校舎に入っていく。朝は全員まず運動場に整列してラジオ体操をしてから、ぞろぞろ教室に入って授業にかかる。はじめは歌で、「白地に赤く」の「日の丸」の歌、ついで鳥や昆虫や子守り歌等を習い、それから読み書き、算数という風である。六年間に数千の漢字と平仮名の両文字を学ぶのは並み大抵のことでなく、生徒が文章を十分に書けるようにはとてもなかなかなれっこない。

田舎の学校に落第というものはない。子供の心理的影響や家族の恥辱は、精出して二度習ってみても決して償われるものではないと教師は感知している。運動競技でも一、二、三等はなく全員が賞を貰う。皆に賞を出すと誰も不当にあつかわれたとは思わない。ときには優等とか一等賞とかもあるけれども、それより協同行動の団体賞が多い。善良で普通の子どもは、不良気があるが、きわだっているのよりも、好ましいとされているのである。

上級になれば地理、歴史や一般の学課目がカリキュラムに入ってくるが、初級でも上級になっても、子どもたちは批判的に考えるための試みは何ひとつ教えられない。教育の内容は智的なものよりも道徳性のことに傾き、校長や教師の教育方針は、東京の文部省の教授要項そのままに則っている。児童は学校の先生のいうことを全く無条件に享け入れる傾向をもち、家でも、子供を家庭の年寄りとはしばしば意見が一致しなくなる。一年に一回は、生徒の父兄たちは各学級の実際を見学し、教師と意見を交わす父兄懇話会があって教育問題の解決につとめている。子どもは教育を受ければ受ける程、大人の頭との距離は愈々大きくなり大学にでもいくと、田舎の故郷にはとても帰ってこなくなる。

学校には国の祭日が数回ある。教育勅語が厳かに読みあげられ国歌が斉唱される。しかし生徒たちは他の行事の方を一層喜び、例えば年一回の運動会には数週間も前から練習に余念がない。村中のものも一日の行楽に昼弁当をつめて集まって来て見物する。それから同窓会があって卒業生が母校にやって来て演芸会を催したりする。ことに男の生徒では「同年」の級友にまつわる友情は一生を通じて変わらないばかりか、年がいくにつれて益々深くなり、老年になるほど、この同年会は唯一の真の楽しみにさえなっている。

須恵村には約六〇年前に四年制の小学校ができ、三〇年後には今の六年制になり、最近になって青年学校ができた。青年学校は夜とか村の休日に、若い人々の集まる学校であって、女子は主として裁縫、料理を習い、男子は剣道、柔道、一般教育、それに軍事教練がほどこされる。青年はすべて出席するよう期待されているが、概して女子の参加はどうしても少ない。放課後に男の子は戦争ごっこをしたり、女の子はお手玉や「まりつき」をしたり、時としては赤ん坊を背中におんぶして遊ぶ。こんな時に歌われるいろいろの遊戯や子守り唄がある。子供の家が裕福であれば多くは上級学校にあげられる。多良木や時には人吉の女学校、免田の農学校とか人吉の中学校に行く。女は高等教育を受けるのは良縁を得る糸口のためである。教育を受ける男の子が遥かに多くなり、最近十年間には須恵村から専門学校や大学に行ったものは男子九名であるが、女子は一人もいない。このうちたった一人だけ村に帰って来たほかは、そろいもそろって東京、熊本、人吉に留ってしまった。この一人さえ父親の死亡と本人の病気のためしかたなく帰郷したものである。上の学校に行けない多くの者は十四、五歳になると野良仕事を一人前に分担させられたり、下男奉公に出るものもある。女の子は母の手伝いや女中奉公に出る。

3 青年期

村の青年男女は一緒につれだって働く機会が多い。水田の中で並んで作業する時とか、二月の森林に薪切りにいく時とかという風であるけれども、あまりに忙しいので、ロマンスが生れるどころではない。

まだ電気がなかった時代には、よばいが行われた。男は手拭で顔を覆い家族の者に知られないように入ることができたが、娘は拒絶することも受け入れることも自分の選択のままであった。今日ではどこの家でもよもすがら電燈がつけっぱなしてあるので、ひそかに行われることは、むつかしくなって以前にくらべてずっと少なくなった。学校教育がさかんになった結果は、娘たちが新しい道徳観念に目覚めてきたことにみられる。女達は「処女会」に出席するように奨められている。ことに小学校教育しか受けていない者のために農閑期とか何かの暇なおりに、この講習会がときたま小学校で開かれ、結婚とか貞操の意義、価値についてとかが、知らされるのである。村では未婚の女が青年男子の心をひくように絢爛な盛装をするのは祭日ぐらいであって、平素は殆んど着飾ることはない。結婚前、彼女たちの踏んでくる一つの道程ではあるが恋文が書かれる。大概会って話し合えばすみそうな事柄についての無邪気な物語が書かれるにすぎない。親の知らない恋人と関係して妊娠しても、結婚にまで進むことは極く稀である。恋愛は秘密ごとに属しているし、わたくしごとであるが、結婚ともなれば家と家との関係とされている。それで子どもが産まれない前に、娘の親は結婚させようと努めるけれども、社会的身分の均衡のとれた者同志の間で早急に話をまとめることが難しいから、その結果として、大抵は下の身分の者と結婚することになるか、あるいは後妻にいくことになる。なお年頃になれば男の子も女の子も別々の団体行動に入り、この男女の強い社会的隔離は、老年に至るまでも続いていて、たとえば、通りでは夫婦でも独身者でも一緒に歩くことはない。同じところへいくのにも夫と妻は別々に出かけるのである。

4 徴兵検査

男子が毎年二十歳になると、きまって学課と身体とについて徴兵検査が行われる。徴兵制は封建時代の世襲的な武士階級の解体につれて明治時代からはじめられたものであるが、天皇や祖国のまもりをゆるされることは非常な栄誉とされている。陸軍大佐の検査官は、この軍人の義務についての長い訓話をしたのちに、学課検査が公民のありかたと愛国心について質される。これは本籍地でなされ、球磨地方では六月頃人吉で行われる。

須恵村では例年十五人から二十人ぐらいが受ける。昭和十一年には適齢者の約半数が労働者、下男となって出稼ぎしていたが、検査にはみな帰村した。この身体検査の一年前に、村役場では第一回の予備検査があり、トラホームと性病⑦とがとくに注意される。適齢者の約三分の一の青年が甲種合格となって、軍隊に入ることになる。家の名誉とされるが、その裏面では有為な青年が急に農村から奪われるので農業生産力は減退し、ときに息子の代りに雇い人を入れるが、やはり農民は歎いている。合格しなかった家では名誉を失った気にはなるが、実際のところは息子を家に置いておけるので内心では喜んでいるわけである。

大抵は一月の入営に際して、大歓送会が準備される。家の前庭で高い竹竿に国旗を結びつけて打ち建て、玄関には二本の国旗が十の字に結ばれ「祝入営」の幕がはためく。村では長い旅行に出る時の例にならって出発の二、三日前に部落の人は送別会をやり、部落民が村のはずれまで見送る。

入営の際の酒宴はその家の何年かの間に催すもののうちでもっとも大きなものであって、村長、校長、先生、村の在郷軍人会長や、役場の人々など、親戚の者や部落の戸主全部という風に招かれる。羽二重の紋付きを着て、それぞれ餞別をつつんでやってくる。宴会が始まる前に、来客は入営者のために詩を書いて朗読した後、床の間の柳の木にこれを結びつけ、それから家の主人に向って息子の名誉を賞讃し、本人には護国の干城となるよう挨拶する。息子は客の言葉に応える旨の決意を述べるが、客たちはみな下をうつむいてかしこまって聞いている。それから歓送の祝宴となる。始めは礼儀正しいが、酒が汲みかわされるにつれて打ち解けてき、しまいには底抜け騒ぎとなる。以前にはこの費用に一家の収入の二、三ケ月分も使い、全く浪費そのものであったが、今は村内の取り決めで酒を除いて簡素に心掛けられている。

それから数日後、免田から汽車に乗って熊本に入営する。早朝から部落の男女全員は、焼酎をもって彼の家に集まって酒を飲み交わして出発の行列に加わる。生徒らも学校に集合して隣の深田村境の川の橋まで行列をなして歓送する。行列が通っていくと村の人が家から飛び出してきて兵隊と酒をくみ交わし、若い女はお酌をする。寒くて厚着しているが酒は生気を与えてくれる。兵隊や附添いの部落民、生徒の行列は、村のはずれで止まり、学校長が兵隊達に向って歓送の辞を述べ、万歳が三唱される。親類の者、親友、役場の係の外の大部分はここで帰る。停車場に着き、汽車の出発の時にも、さらに万歳が叫ばれる。このような「万歳」は個人の別れのためというよりも、入営のために叫ばれるのである。部落の人は見送った後でまた酒盛りをはじめる。

入営する軍人の家の前に造られた常緑樹の門は、二、三週間後にはとり払われるけれども、国旗は息子の留守中、晴雨にかかわらず掲げてあり、この旗の位置によって入営中または、出征中の家が一目瞭然とする。詩をつるした柳の木は植えられ、もしも根がつけば縁起がよく、親達は息子が安全に帰るものと期待していい。けれども町ではこんなことは行われない。軍隊には一、二年在営するが、この間に外出や家族との面会が数回許される。兵営期間が終ると、凱旋のときのようにして帰郷する。父や友人、学童、青年団、在郷軍人などみな停車場に出迎え、「部落」の婦人達も隣り村の橋まで帰りの行列を迎えに出、陽気な哄笑の爆発をまきおこす。兵隊の家の前には、出発の時と同じに常緑樹と旗とが特別に飾られてあり、歓迎の宴が催される。お客は男性であるが、宴が始まってから部落の女達が加わり、飲んだり踊ったりし、若い女も三味線を引きにやってくる。

青年は軍隊から帰った時にはもはや田舎の農夫ではなく、むしろ極端な愛国主義者になっており、刺激のないおきまりの農業労働と地方の慣習に再び自らを合わせることの困難を知り、更に東京に入営したり、満州に行ってきた者は一層強く倦怠を感ずる。それも数ヶ月後には村の型に落ち込んで行く。それから程なく両親が選んでくれた娘と結婚することになる。

軍隊に入る前とか、須恵村から始めて長途の旅に出るとか、また帰ってきた時には村の人は市房山に参詣に赴く。市房山は球磨郡の東端にあるこの地方きっての抜き出た山で、山上には神社がある。参詣には酒を供え、お護りとしてその土を紙に包んで持ってくる。杉の大木が多く茂り、春秋とも風光明媚である。球磨地区からみえるこの山に近づくと、遠くから見たのと同様に印象的であり、球磨の峡谷がすべて見下ろされるので随分快い。この山の土をもっていることは、家庭から離れている時に安心感を与える。満州に勤務した兵隊は、このお守を或る日忘れて不安を感じ、その日に負傷したといっていた。帰還兵は次の市房の祭日に、この土を神聖な山に戻すのである。

5　結　婚

青年は二十三歳か二十四歳、つまり軍隊から帰って、一、二年後に結婚する。妻は十七、八歳位である。一生涯の三大事件――出生、結婚、死亡――のうち、結婚のみが村人によって規制しうるものであり、しかも最大限にまで可能なのである。

結婚は第一に、二つの家の社会的とともに経済的な協約である。適齢期の男のいる家族は、親しい友人に好ましい娘を探してくれるように依頼する。見付かるとこの人――「内証聞き」と呼ばれ、婦人である場合が多い――は当該二家族の半ば内証の会合を取り決める。多分は青年とその親は娘の養蚕の仕具合や身元を確かめに出かけ、また娘は「内証聞き」と一緒に連れだって、双方が何でもない風に現われることもある。そののちどちらもその意思が打診され、もしも甚だしく不賛成であれば、誰にも迷惑を及ぼすことなく取り止められる。が満足すべきものであれば、事柄は進行する。相手の家族が他村の者であれば、互いに秘かにその家族について気狂いや癩病とか血縁者に悪い病例がないかどうかを調査し、またできるだけその社会的経済的状態について見定める。村内の者同志であり、熟知の向きであればかかる調査は必要としない。実のいとこの場合も同様であって結婚の莫大な諸費用を減らすために寧ろ「いとこぞい」が好まれることがある。

このような予備的な秘密の動きが、すべて為された後に正式の仲人が選ばれる。仲人の選択は、この人が結婚の儀式を遂行するので重要なものとされていて、それには村長や地主など村のおもだった人が選ばれる。仲人は主として両家のあいだの交渉に当り、この時から却って両家の間柄は近寄らないままに過ぎる。この結果としてこれから後に、また結婚してからでも、問題が起ってもそれは非常に親密な個人的な間柄にあった場合のようには互いに迷惑しないことにもなる。

富裕な家族では、形式的な婚約として結納を取りかわす。結納には両家の者だけが酒宴に列し、花嫁は結婚式に着る紋付きの式服を送られる。この時から花嫁の家では、婚礼衣裳や嫁入道具を整えるのに忙しくなる。新郎の家では畳、建具を新しくする。結婚式は黄道吉日が選ばれ、須恵村では式は殆んど十月、十一月、十二月に、若干は三、四月に行われる。式当日は両家とも親戚の者は祝いの反物、餅、魚、酒（赤い漆の樽に入れた）を持ってやって来る。新郎の家に嫁入道具、贈り物や御馳走を運ぶのに通常乗合バスが利用される。座敷に親類の者が礼儀正しく座し、花嫁と花婿別のは室で仲人の指図によって三々九度の酒盛り[8]をする。それから花嫁の贈り物が受けとられた後に、熨斗《のし》が盛大な祝宴の場に持ちこまれる。熨斗が新郎の父に渡されると仲人は熨斗が受納された宣言をし、これで嫁の角かくしが外され、儀式が終ったことになる。

結婚式の祝宴では酒だけが十分に飲まれる。式後、花嫁が嫁入り衣裳をぬぎに座敷から出ていくと、祝宴は賑やかになり、男も女も三味線に合わせて歌い且つ踊り始める。間もなく手拭いで顔をかくした部落の若衆は、みだらな文句や酒の振舞いかたを紙にかいて貼りつけて、近所の石の地蔵を持ちこんでき、焼酎を貰って台所に引き下る。地蔵[9]は花嫁が実家に逃げ帰るのを防ぐ譬喩になっていて、数日後花嫁の縫った新しいケサをつけて道路わきに戻される。結婚式は固苦しい礼式でもって始まり、底抜け騒ぎでもって終る儀礼的な会合の極端な範例である。酒宴は陽気に十一時か真夜中までつづいて、お客は帰って行く。花嫁は新郎と家族と一緒に門まで彼女の両親を見送りに出る。これでもって新しい家庭の娘分としての役をつとめることになる。

式の翌日は手伝いに頼まれていた近所の娘が跡片付けにまたくる。この日は村役場の人々、学校の先生、村の有力者をよんで祝宴が行われる。部落の人々は、その次の日に招かれるが、これらは「茶呑み」といわれ、新婦を共同体に披露するためのものである。三つの祝宴には記念のお菓子が出される。式の三日目に新夫婦は贈り物をもって仲人を訪ねる。仲人はこののちも両家と関係が深くなり、二人の家庭問題が起れば調停の話しあいをする。さらに生れてくる子どもの名付け祝に招かれるし、葬式にも弔いにも来るようになる。

なお今でも比較的に貧しい家ではそうであるけれども、ずっとまた以前には須恵村ではほとんどすべて焼酎が三々九度に用いられ、「のし」とか華美な金のかかる祝宴はなかった。衣裳も封建時代の武士階級の用いていたものが、現在の農民の通常の場合に使われていた。

三日加勢

球磨地方には幾分異例に属するとしても、相当に行われた結婚形式に「三日加勢《みっかかせい》」と呼ばれるものがある。華美な挙式の代りに、娘は両親、それに付添の女か仲人もろとも新郎の家に行って、三日間泊って帰るのである。双方の家ことに新郎の家で、婚姻を好むならば後ほど正式の結婚におよぶ。といっても正式の結婚式は、めったにあげないで、ちょっとした宴会が行われるだけであるのが多い。実際のところ、娘は三日以上も留って正式の結婚式までは実家にもどらないこともしばしばある。初めて彼女が新郎の家に来た時は、大した行事もなく、髪結いの手も借りないし、特別に晴着の着付もしない。焼酎と餅の贈り物をもって来るだけである。そしてもし結婚が失敗に帰してもどちらの側も大して世間的に面目がつぶれたことにはならないとされる。

結婚式の贈り物をやりとりするのは儀式として最も普通の形態である。結納の宴のとき新郎の親は花嫁に嫁入り先の紋のついた紋付と羽織・羽二重・履物・櫛・簪《かんざし》と、酒、魚などを贈り、酒・魚と引換えに酒宴がひらかれる。ほかの贈り物の返しとして衣類、箪司、家具等の嫁入道具が準備される。結婚式に花嫁のもってくるものは酒、餅、魚、下駄などで、すべて対になっているものである。親類は結婚式に反物、酒を、時にはお金を贈り、祝宴とおみやげの折詰を饗応されて帰る。花嫁は通例、教育も経験も新郎より低い。男は農学校や青年学校で地理とか数学とかの科目を習うし、村の外にも出て世間を知っているので、どうしても視野が広いが、女は村にばかりいて女子青年団で針仕事をおぼえたにすぎない。女の仕事として家で子どもを育て上げ、ひたすら家政にしたがうだけである。それでも女学校へ行ったことのある女は教員や金持ちに嫁ぎ、仕事も少なく、そういう意味で学校教育は決して無駄ではなかったのである。

結婚してから、特に父親になってから、男は共同体の正式の一員になり、その共同作業の一人分の割当を受け、一人前の男として認められる。結婚前は父の息子とみなされるにすぎない。長男は結婚後もその生家に両親と一緒に暮す。二、三男は子のない夫婦や娘しかない家庭へ養子にいく。この養子縁組も、嫁の場合と同じ行事がなされる。男は結婚して共同体の一員と認められるが、戸主となるのは前の戸主が死ぬか隠居してからである。嫁にしても姑が世帯を切りまわしているかぎり、世帯はやれない。嫁と姑のあいだがうまく折り合わないとか、夫がやかましすぎるときには、嫁は実家に戻ってしまうことがあるけれども、何といっても子供が生まれると事態は安定するし、実家へもどるということも普通に婚姻届を村役場に出すまでのことである。男は年をとるにつれて部落での重要な地位につくようになる。二十五歳から四十歳までは、消防夫など公的に仕事に従うか、それ以上ともなれば相談役を勤める。そうかといってあまり年がいきすぎると、面倒な家長として重責を果たすことができなくなり、七十歳位になると隠居して離れの部屋で住むようになる。

6 還暦

男女とも六十一歳の誕生日になると、近い親類の者と親しい友人だけが集まって、ささやかな還暦の祝宴を催す。この時に第二次の子ども時代に帰入するのであり、子どもの時のように気儘勝手に言うたり為したり、また欲しい物も手に得られる。仕事もそう忙しくなくなり、お寺まいりに一日一日を生きるようになる。病気の時は、友人が果物や卵を持って見舞いをする。米ではなく、そのまま食べれるものが選ばれる。重病になれば、部落の各家から誰かが適宜に見舞いに来て台所で、お茶と、お菓子を出されてから見舞品を差出す。それから病室に行って病人としばらく話して帰る。その時に風呂敷と重箱が返される。

7　死　去

家族の誰かが死ぬと、親類、縁者に電報がうたれる。通例は、翌日行われる葬式に参加できるように知らされる(須恵村では電報は今日もなお不吉な知らせを意味している)。又ぬしどうりに連絡し、ここから部落の各家々に知らされる。近所の人は僧侶に伝える。ぬしどうりは葬式に必要のもの、たとえば棺の上におかれる霊家を免田の町から買ってくるか、それとも近所の者や僧侶が家で造るかなどについて遺族と相談する。そのうちに弔問者が来る。故人と身近な者は、気を取り乱して泣き悲しむ。親類の者は米や焼酎をもって来、部落の手伝い人から茶と豆の接待をうけ、それから死人の顔を見に行く。彼等は一般に棺とか墓地の準備とかに手助けはしない。午後中部落の手伝い人は庭に坐って霊家、棺、紙の旗、旗竿や提灯、蠟燭立等を造る。手伝い女達は出立ちの膳の準備に忙しい。棺衣持ちは午後中墓を掘るが、墓掘りも普通ぬしどうりが青年達から指名した者である。死体は近親者によって湯棺され、朝の間に親類の女が用意した白衣の旅装に着替えさせられる。珠数が手にはめられ、一対の貨幣が(来世へ旅立つ旅費に)胸に掛けられたづた袋に入れられることもある。扇子も着物の付属品として納められ、また故人の好んだ物も入れられることもある。死んだ日が友引ならば藁人形が造られて、一緒に棺の中に置かれる。そうしないとすぐにも後に生きている人を墓に呼び入れると信じられているからである。僧侶が到着して、やがて別れの出立ちの精進料理が出される。お菓子は白色で名付け祝や結婚式に用いられたのと同じ粉で造ってある。このあいだ手伝いの部落の男衆は庭か納屋で食事をする。近所の子供や子守りは見物にくる。葬式が終るとすぐに部落の人は野辺の送りの準備をする。棺を持って家を出る前に各々が焼酎を茶椀に一杯ずつのむ。葬式のおりに称えられるお経は、故人の霊が安らかに極楽へ送られるためのものであろうが、その言葉は難しくて誰も理解はできない。これ迄葬式には莫大な費用がかかるのが普通であった。悲しみの遺家族は、故人の最後を派手にかざって、立派な料理を造り、親類は反物の贈り物をするなど期待されたが、此の頃では村の申合せ事項によって費用を削減するようになり「部落生活」における葬式の位置の重要性が下げられた。

葬式にはいろいろのもの、さまざまの事が日常の慣習と反対の方法でなされる事が多い。死体の側の衝立《ついたて》はさかさまにたてられるし、掛図は裏返しにという風に……。また後で日に干される死者の衣類は全て裏返しにぶらさげられる。人間の一生はこうして終る。しかし世間向き行事は決してこれで終ったのではない。葬式の翌日に親類の者は、その家にきて新しい墓にお参りする。僧侶もやってきて、遺族から葬式の御礼を受けとり、七日忌や四十九日の法事の供養を取り決め、百ケ日忌を執り行う。翌年の命日、三年、七年、十三年、十七年、二十五年、三十三年および五十年忌には供養の法事が行われる。

人の一生の三大行事いわば出生と結婚、死去とを通じて共通の特徴がいくつかある。第一に、仲立ち人がいる。まず出生には世に引き出し、名を付ける産婆、結婚には嫁とか婿を通じて双方の家を結ばせる仲人、死亡の際には極楽へ道をふませる僧侶というようにである。三者ともに、本源的に家族の問題であって、親戚の者が集まり、その宴会の上座につく。家族にとっての社会的価値の見地からは結婚はもっとも重要なものである。結婚によって相続人ができるし、家族の将来の福祉はこの相続人に依存し、位牌は彼に守られることになる。仲人はこのために親類付き合いになり、子どもの名付け祝いに招かれ、葬式に参列するのも当然である。

子供の出生は部落と家族とのどちらにも可能的な価値のあるものであるが、まだ価値として表現されたものではない。それに赤児はよく死ぬ。死んでもすぐ生まれるのにちがいないから部落の人はさして気にもしていない。遠方の親戚も呼ばれない。

結婚式は家にとって重要であり、遠近に拘らず親類、縁者が呼ばれ、豪華な宴会が催される。結婚についての部落の関心は、部落の人を招待する「茶飲み」によって知られる。

死去は家族としても、部落としても、その一員を失うので、悲しいにはちがいないが何といっても部落は広いのであるから、家族の者ほど悲しみ方は深刻ではない。部落の人は悲しむ遺家族のために葬式の手助けをするが、後の法事にはしない。葬式の規模は年齢と社会的地位とによって異なる。赤ん坊であれば部落の者は半分だけしか来ないし、親類も少しだけであるが、働き盛りの男女では損失も大きいし、親類も多く集り部落民もいろいろ手助けにくる。年寄りならば損失はそれほど大きくないし、家族にしてもあまり悲しみにうちひしがれない。けれども故人が生存中に社会へ尽した功績を偲んで、親戚や部落のものが手助けにやってくるのである。

① こういう風習はシベリヤ地方においても見られる。

② 記録ある七部落では、一九三六年には五歳の年齢層は男児七二、女児六九であり、Kulp 氏及び Fei 氏の報告によれば中国農村の同年齢層の女児の著しく少なくなっているのにくらべて対照的である。

③ 日本の多くの地方では、七日目である。

④ Freud, A General Introduction to Psycho-analysis.〔New York, 1935〕

⑤ 事実上その書物は国民道徳、天皇の崇拝が取り扱われている。

⑥ 今日貴族を除いて社会階級はすべて平等であるといわれているが、少年には士族とかエタの出であるかどうかの意識が若干残っている。

⑦ 一九三六年度の須恵村の予備検査には、性病の事例は全く無かった。

⑧ 三々九度の酒の正しい飲み方は、日本の土地ごとに異なっている。同じ地方でも、また家柄や結婚の格式によって差違がある。

⑨ 第七章を参照のこと。

⑩ 加勢というのは労働の報酬を求めない寄贈の形態のもの。むしろ田植えの結いのような自発的な労働に用いられることばである。

訳者註——柳田国男・大間知篤三著「婚姻習俗語彙」二三九頁には次の如く記してある。

三日加勢（みっかかせい）——球磨郡では婚姻の前に若干日、嫁が仮に来て住むことを三日加勢という。

この婚姻というのは多分披露の祝宴のことかと思う。そうしてこの宴が済むと一旦里へ帰ったのであろう。もしそうで無ければ三日加勢を以て嫁入、又は婚姻といわなければならぬからである。妻となってまだ引移りをせぬ女が臨時に婿の家の仕事を手伝う例はほかにも多い。

第七章　宗　教

1　序

日本伝統の二つの宗教、神道と仏教とは、村の生活の面で重要な部門を占めている。しかし経典上の体系としての仏教と儀礼的宗教としての神道とは、地方の僧侶や神官にはある程度までは評価されているが、一般農民はほとんどこれを理解していない。彼らには仏教は魂の救済手段として、また神を祀った神社は村の生活の庇護者として考えられている。その唯一の宗教上のシステム——しかも地方の共同体生活には密接不可分離なもの——は月齢や季節を記した祭の行事表である。

仏教と神道とについて、村人はつぎのように語っている。「仏や神に対していだく人々の考え方は種々異なっていて、どちらか一方だけを信仰すべきであるとの考えもあるが、私はこれを非難しない。私自身はいつも神社に礼拝するとともに『ほとけ』を信仰している。

神社や寺院の参拝は、週毎、毎月とか別に定まっていない。須恵村の人々の信仰や祭式の慣例は大体つぎの七の類型に分けることができる。

Ⅰ 神社 神道

Ⅱ 寺院 仏教

Ⅲ 家のまもり神

イ、仏壇と仏（仏教）

ロ、神棚と大麻（神道）

ハ、大黒、恵美須、稲荷（神道）

ニ、日 輪（神道）

ホ、台所と井戸との神（神道）

ヘ、荒神または地主（神道）

ト、地 蔵（仏教）

チ、御札と御守（神道と仏教）

リ、南天の木

ヌ、星 祭（神道と仏教）

Ⅳ 道端の神

イ、堂のなかの神

ロ、道端の石像

ハ、水、山などの神

Ⅴ 呪法と信仰療法

イ、祈禱師

ロ、呪 術

ハ、狐

Ⅵ 一生の三つの危機についての信仰

イ、出 生

ロ、結 婚

ハ、死 亡

Ⅶ 一年の祭礼（神道と仏教）

2　神　道

出生・死去・来世および神についての信仰には、二つの形態がある。日本固有の神道と古代中国から輸入された仏教との信仰である。神道のなかに入る信仰の形象の多くは、必ずしも本源的には日本のものでなく、その行事でも中国に発生を辿ることができるものもある。けれども村民にとっては仏教にしても神道にしても、すべて土地固有のものである。

神道ということばは仏教伝来後に日本在来の信仰とこれとを区別するためにつくられた。まだ組織化されない儀式や信仰の広い範囲のものを包含している。神道が強調されるようになったのは、比較的に近世となってからで、国学者の本居宣長やその弟子の平田篤胤によって十九世紀から発展したものである。

仏教はどちらかといえば個人にとって重要である。が神道は「村」にとって重要なのである。日本では各村ごとに神社と神官がおり、ときには県から若干の補助をされ、そのほかの維持費とか神官の給料とかは村役場から、したがって結局のところ村民の租税によって維持される。村社には村全体の安泰の守護神である氏神が祀られている。神官は村の人であって普通は農業を営み、村役場から推薦されて県から任命される。神主の職務として村役場から一年二五〇円を受け、このほかに村民の寄附が二七〇円ある。神社を護り、氏神を護り、氏神に対して村の代表者として祭祀に当る。（訳者注——当時としてこの合計額は、大体のところ小学校教員の俸給に当る。）

それにしても職務として行う儀式[①]の意味は普通の村民にはわからない。たとえば御神楽は、古代伝説には、神々の性的表現であったが、こんなことは村の人は知らない。氏子総代とよばれる村民の代表者二人、役場の吏員、ときには小学校の校長が神社の儀式に参列するが、村民は普通は出席しない。式が終ると神主は神殿の戸を閉め、酒や食物の御供物を下げて、出席者一同がこのお下りを分けて食べる。神社は阿蘇部落にあり、三百年の古い簡単な木造建で藁葺屋根である。村社の祭礼は、村役場の吏員が出席する公の行事である。この例外は、毎年十一月二十七日に行われる祭礼である。秋は球磨地方のどこの村でも同じ日に祭礼があり、豊作を村の神に感謝する。その前夜に御神楽が奉納せられ、祭日には村役場の吏員や学校の生徒が参列し、午後には神官の家で先生や吏員そのほかの名士連が宴会を催す。三人の女先生を除いてこの会は五十人におよぶ男性ばかりの集りであり、会費の一部は村役場から支出される。

毎月二十七日には、神官が神社に来て村の厄を祓うために、簡単な儀式を行う。最近になって県ではこの日、学校の生徒たちも参拝し神宮から講話を聞くように決めた。須恵村の神宮は、どちらかと云えば国家主義者で、外来のものはすべて、仏教をもふくめて日本文化在来の純粋性を腐敗させているものと考えている。

烈しい旱魃がつづくと、神官・村の名士・校長も平山の部落にある瀬に雨乞いにいく。ときには部落の女たちは、神を慰めるために古い民謡の踊りをする。また青年が軍隊に入る時とか遠隔地に出稼ぎにいくときとかは、その母親や祖母が毎月二十七日には神社に参拝し、御神酒を供えて無事に帰宅するように願をかける。そして一年の禁煙または禁酒を誓う。この場合神主は関係しない。仏教にみられない地方的な儀式の特徴は、見えない「力」を和げることであり、村社の種々の祭礼は、鎮守の神が村を安泰に護りつづけてくれるために営まれる。神道では天皇が日の神天照大神の子孫とされ、農民が朝起きると東方に礼拝するのは太陽と共に天皇に敬意を表するものにほかならない。小学校の児童も、学校の会合のときも、始まりには皇居を遙拝することになっている。

3　仏　教

日本の仏教は、もと中国から輸入された特殊な形態の宗教であり、多くの派に分かれている。精神修養に重きをおく禅宗のように、中国にその起源を持つものもあるが、日蓮宗のように日本で発生したものもある。球磨地方でもっとも普及しているのは真宗[②]である。須恵村では、主として仏教が死者の葬式と法要に関連して行われている。ひとびとの仏教信仰やその行事は、機能において神道のそれと大差はない。神道は神主だけにわかっている儀式が多く、村民はこれを傍観しているが、これで御利益があるとするところが、仏教も同じである。

　須恵村に正規の寺院は、了玄院という曹洞宗の寺が、一つあるだけである。覚井部落にあり、約四百年前に建てられた。僧侶は長崎から来た人で須恵村に二十年も住んでいるが、その妻は寺の半分を養蚕場にあて、養蚕によって家の収入を助けている。寺の位置は、球磨川べりの崖のうえにあり、前の方は川瀬と中島の家々が群がり、うしろは球磨地方をとり巻く山々をひかえてすばらしい眺望をほしいままにしている。寺の門徒は覚井と上手と今村を含めて五十戸を数えるにすぎず、富裕者は一人も入っていない。残りのすべてが深田にある真宗の寺に属している。中島の一軒か二軒かの家は多良木の日蓮宗の寺に属し、一戸は黒肥地の寺に、他の一戸は神道に属している。

　封建時代には禅宗びいきの相良家によって真宗派は禁止された。禅寺が数多く建てられたが、しかし真宗は決して亡びなかった。熊本から五ツ木の山々を越えて、真宗の僧侶は裏道を抜けて球磨地方に入り、信者の秘密会合が催されたが、須恵村には今もなおその時の農家がある。信者たちは家の壁の内側に阿弥陀の絵をかくし、朝夕これに礼拝した。表面上は真宗は相良氏の時代には消滅したが、明治維新になってその相良氏の勢力がなくなると、真宗は以前より一層再興した。

　五ツ木の山村には、今日でも禅宗であると自称しながら真宗の仏壇をもっている家々が多い。前代の名残りとして頭髪を剃らない「毛坊主」③がいる。経典は読めるが寺をもたない非公式の僧侶であって、今日は貧者の葬式や法事によばれるだけである。

かつて球磨にはいくつかの真言宗の寺院があった。阿蘇部落の釈迦堂は、現在のところ部落の「堂」であるが、この周囲にはそののち見られない型の古い墓がなお数多く存在する。深田村の荒茂部落には、同じくらい古い真言宗の墓地がある。この地方で仏教が禁ぜられた時に武士が荒茂の寺の僧侶を殺したという物語があり、今でも木が伐採される時には神官が儀式を行うことになっている。現に真言宗の寺は、須恵村にも近隣にも無い。

真宗派の深田の寺は、百年前に建てられた。深田、須恵の大部分の住民、それに五ツ木と四浦の山村の多くの人――総数五五〇世帯――がこれに属している。僧侶はこの広い地域にわたって葬式法事と多忙をきわめるが、道徳の向上、伝導には熱が入っていない。門徒の者は一年に数回、米をもって僧侶のところへいく。それはお寺に説教のある時である。地方の禅寺では毎月一日と十五日とは重要な日で、僧侶たちは釈迦との天皇の安泰を祈念して読経[4]する。経典は毎日読みあげその大要は理解しているが、詳細なことはわからないようである。新年には「星祭」が、須恵村の禅宗の僧侶によっていとなまれる。宗派をかまわず依頼されればどの家にでも出かけ、家々の月忌を行い、特別の「星祭の御《お》札《ふだ》」として食物と米五合が与えられる。このとき多数の村人はお寺に詣り、仏陀とか観音とかに祈りをささげる。

一月の一日と三日とには、僧侶が国運隆昌の特殊な経典を読みあげ、一月か、二月かには京都の本山から説教に僧侶がやってくる。十一月には、禅寺に「先祖供養」が行われ、門徒は残らず参集して寺院に二斗ほど米を供える。祖先の霊を祀る僧侶への感謝の意を表わすものである。このときにはほかから僧侶がきて三日間にわたって説教が行われ、禅宗の門徒も真宗派の人も、多数参詣する。その最後の夜は大宴会が催され、飲み食いして踊るのである。禅寺にとっては仏陀の誕生日と彼岸とが重要な日である。深田の真宗の寺でも、正月と彼岸にはお勤めがある。春の彼岸には自らの罪の反省の機会として寺に参詣する。部落によっては彼岸法会が「組」の組織で行われる。当番制で組の中の一人の家に真宗の僧侶が招かれて、講話をし饗応される。各人は十銭か十五銭かを出しあって、僧侶にお礼するが、食事には米と焼酎とをもち寄るのである。

「植付け御供養」が稲作の間に殺された虫の霊のために、部落の「組」ごとで催され、このとき真宗の僧侶が説教をする。部落によっては同じ方法で他の宗教的行事を行うところもある。十一月二十一日から二十八日の間に「報恩講」が行われる。それは村落共同体の都合で寺によって日は異なる。親鸞の命日の「御正忌」には、大概の真宗の門徒たちは寺院をおとずれ、供物を捧げ、ときには部落全体として薪木とか野菜とかを出したり、門徒が各々寺にもって行った米や豆で団子をつくり、お供えしてから門徒中に分ける部落もある。村には仏教婦人会があって年二回会合して講演を聞く。禅寺の婦人の「講」にこれは当る。

宗派やその相違、それに自分の家の属している宗旨については、若い人々は何も知っていないし、特別の日にも寺へ行かない。死後の来世に惑い、仏陀を求めるのは年寄りばかりであって、ときどきお寺参りするが、釈迦と阿弥陀との区別も知らない程度である。供養ごとに僧侶はお経の後で宗教について語るけれども、それさえ、信仰心からの集まりというよりは故人の冥福をいのる親戚たちの会合であり、共に食べ、共に飲む聖なる機会である。現世と来世とを見守る阿弥陀に、感謝の念をもつこと――真宗のひとびとがすべて把握するのは、これ以上にはでない。

4 民間信仰

神社の参詣者は、秋の祭日の前夜をのぞいては、役場の吏員、新年の参拝者、もしくは願がけにくる人や赤ん坊をつれて参拝する人に限られている。寺院ならばもっと親しまれているが、僧侶の第一の職能は葬式にあるだけである。農民の日常生活にとってずっと重要なのは、家庭や道端の数多くの神々であり、病気を療し厄を追い払う祈禱師である。

毎年の祭礼の輪廻は形式的な仏教や神道よりも月齢や農業の周期に一層密接に関連している。このことは社会的宗教的祭礼がとり行わなければならぬ適当な時期と方法とについての長い伝統をもつ古い保守的な農民の共同体では、予期されることである。家庭においての二つの神性は、仏壇の阿弥陀と神棚の大麻に表わされる稲荷とである。

イ 仏壇

ここには阿弥陀の金色の後光のさした画像と家の祖先の名を書きつらねた位牌[6]とがあり、ほかの絵巻物もあり、また亡くなった戸主夫婦の写真も飾られている。仏壇は富裕の程度をいちじるしく表わし、富者のは格子作りの扉、錦織りの掛け物があって、高価な黒色と金泊との漆塗りをした華美なものであり、貧しい家では、非常に粗末ではあるが、漆塗りで、他の家具よりひと際すぐれて優雅な趣きを見せている。毎朝男は仏壇の前に額づき、南無阿弥陀仏（実際はナマイダナマイダとなっている）を三回ずつ唱える。これは真宗の信者に阿弥陀の西方浄土を彷彿させて、聖らかな気持にならせる。主婦は毎日二つの器に炊きがけの御飯とお茶を仏壇に供える。夕になって子供たちがこれを食べる。

ロ　神　棚

仏壇に礼拝したのち、神棚に向って拍手をうって礼拝する。神棚は実際には床の間のそばの柱のうえにあるので、礼拝者は床の間で跪くことになる。これは仏壇におまいりするような普及した慣習ではない。神棚には大麻[6]つまり伊勢大神宮の御札[7]が安置してあって、大麻は年々に伊勢大神宮から県庁、村役場に、それから区長を通じて部落にわたされてくる。区長は五銭か十銭ずつ集めて村役場に送り、結局のところ伊勢神宮に送られる。大麻とともに十銭の神宮の暦が売られるが、これは各人が買うのではなく、又、それを買った人は必ずしも利用するとは限らない。大麻に加えて市房山と北獄とのお札が神棚に安置されるようである。夕に焼酎の初めの一杯が神棚のまえに供えられる。

床の間にはお稲荷か天皇か、また同時にこのふたつの掛図がかけてある。お稲荷は、穀物の神で稲束を抱えた翁風に描かれ、天皇の掛図は天皇、皇后（時には先代の）が描かれ、掛図の上方には、天照大神以来の歴代の天皇の名が挿入されている。この代わりに、またはこれに加えて仏像の掛図もあり、馭者や馬の持ち主の守護神である馬頭観音像の掛図も多くみられ、薬師をかける家もある。馬頭観音や薬師の掛図のかかっている家では、普通にその神の日にはささやかなお祝いをしている。村の数軒の金持ちは掛図を日によって時々掛け変えてみている。ことに多く見られるのは、伝説的に有名な弘法大師のもので、村にはこういう伝説がある。支那旅行の後、特に良質の三粒の米だけをもち帰ったが、帰途犬に吠えられて袂から米粒が大地に落ちた。こうしていい米が発見された。それから稲の植付は犬の日に始めるという風習が生れた。須恵村では今日でもなお、これは守られている。

ハ　恵美須と大黒

まずどこの家の台所にも大黒と恵美須との木像が祀られている。柱に高く取り付けた箱の中の神棚に安置せられ、大抵は煤で黒くなっている。毎朝、茶碗に御飯を供え、特別の御馳走を作るととりあえず恵美須や大黒に供え、時たま焼酎のお初も供える。その近くの壁には竹筒が掛けてあって、いつでも新鮮な花が活けてあり、黒くなった大黒や恵美須、周りの桷と際立った対照を見せている。一般に福の神といわれ、日本固有のもののようであり、また木像であるので部落の「堂」の像と同じに、家にある種の人間的な暖みをもたらし、どんな貧しい家でも、たとえ「大神宮」さんや「仏」さんはなくても、大黒さんだけはきまって祀られている。

商人の家、例えば村の酒屋や豆腐の製造業者或いは小さな商店等には、たいてい大黒や恵美須の木製の像がある。この形のは商人の守り神になると信じられている。

これらの神についてはとても曖昧なところが多い。例えば「山の神様」とは、「大黒さん」と呼ばれる世帯の神と同一だと云う人もあれば、一緒に祀られていることが多いので夫婦であるとする人、父と子だとか、兄弟だという人もある。その姓については甚だ不明確であり、彫像も常に同じではない。もっとも普通なのは紋切型の笑いを浮べたものであるが、荒削りのむしろポリネシヤ産の彫刻の像によく似た大黒や恵美須もある。⑧

ニ　太　陽

多くの農家の玄関のわきには花を差した竹筒が飾られているが、これは「日輪《にちりん》さん」いわば太陽に供えられたものである。

ホ　竈と井戸

台所には竈の神、また井戸には井戸の神に供える花がいけてある。さらに塩や米がこういう神に供えられることもある。

ヘ　「荒　神」

旧家の庭の一隅には、石像があったり、また石像や鏡の入った小さな祠がある。これは「荒神」とも「地主」（ジヌシはまた普通の意では土地所有者を意味するが）ともよばれる大地の神である。花が供えられることもあるが、毎日お供え物はない。穀物の初穂が供えられ、それから家のたる木に掛けて翌年の種に用いられることもあり、床の間に下げておかれることもある。

ト 「地　蔵」

家の庭――普通の正面の入口――にはよく石の「地蔵」があって新しい花が供えられ、「地蔵の日」には蠟燭や焼酎が供えられる。地蔵は家の守り神とされている。地蔵がその持ち主の家から離れたところに祀られていることがあるが、これは恐らく家が移転し地蔵が残ったためであろう。(9)

チ 「おふだ」とお守り

家の入口の柱には、「おふだ」と御護符とが貼りつけてある。これは家族のものがあちこちのお宮やお寺に参詣したとき、一銭か二銭かで買い求めてきたもの、時には巡礼者が一枚五銭か十銭で売りにきたものである。すべては家から悪魔や病気を退散させるためのお守りであり、また納屋にも馬や牛のために貼ってある。これを病気のところに貼れば、その霊験あらたかな力によって病気を治すといわれて時々用いられる。お札は神官の収入の源泉である。須恵村では禅寺や上村の大薬師堂のような寺院で売られるが、深田の真宗の寺ではやっていない。稲荷神社のお札は豊作を祈って稲田の棒切れにはられることがある。

特種な型の「お札」がある。それは角の生えた鬼や裸の嬰児の絵が、木板に墨をつけ、白い粗紙の上におしつけて図取りされたもので、二月一日(太陰月)に祈禱師によって作られる。納屋や家の中に貼られることもあるが、大抵は折りたたまれ、紐に通して首の周りにかけられるか、着物の裏側に針でとじつけられる。これらは災害から身を守ってくれるというのである。

家のお札のほかに身につける「お守り」がある。白紙に包んだ小さな布片や泥土で、主に神社や祈禱師から分け与えられる。安産とか病気快癒のためのお守りである。長い旅行に出るときや、軍隊に入るときもって行かれる市房の土も「お守り」と考えられている。普通のお札も、病気治療用とか溺死の多い場所に貼りつけられたりして、積極的な身体の護符に用いられれば「お守り」になる。

「御幣」は真白な紙を特別の方法で切りとって先を割った竹の棒の端につけた白(時には色のある)紙の房であって、すべての神道儀式に用いられる。水神を祀るために泉や水路のほとりに置かれることもある。祈禱師もその儀式に用いている。作られるのは星祭りのような特定の時だけであり、それらは一般の人たちにわけ与えられる。祈禱師はまた病気の治癒や土地の浄めなど種々の目的にも使用する。神社においては、丸い金属製の鏡とともに神を象徴している。

リ「南　天」

便所の附近には「南天」の茂みがある。これには便所で用をたしている時に倒れたり、倒れそうになると、この茂みを摑むとすぐに直るといういわれがある。以前に起った実例を述べて例証する人もあり、免田のある校長も、南天は浄めの物であるというが、須恵村ではそうとも決められない。南天の葉は、赤飯のような祭の食事に用いられることもある。

ヌ「星　祭」

一年に一度、普通は新年に「星祭」とよばれる家と土地との祓いの式に祈禱師が招かれる。竹の棒につけられた御幣は、この式に用いられ、そのあとで床の間か「地主」の附近に安置される。この式によって、家からすべての悪霊が追い払われ、疫病や災厄から免がれるというのである。須恵村の神官・祈禱師や禅寺の僧侶達は、星祭を行うが、深田の真宗の僧は行わない。

これらの神は人間的に考えられていて、家に独りいるときも孤独感に襲われることはない。即ち「様」とか「さん」の敬称でとなえらる。また話のなかでは「あのひと」という。須恵村では一人でいたり、一人で仕事をすることは嫌がられるが、それでこのような時とかまた子供が家で留守番をする時とか家の多くの神様と一緒にいるのですこしも寂しさを感じないのである。

5　石神、彫像、路傍の供え物

イ「堂」

堂の入口には、祭日にだけ水がたたえられる石の水鉢がある。参詣者が御詣りに入る前に手と口をすすぐのである。堂の中には、種々の彫像が安置されているが、球磨地方では観音像が主である。しかし観音像は一様ではなく、黒肥地のは特に有名で参詣者が多いが、千手観音と称せられ、また阿弥陀によく似たものもある。通例の型は、ほっそりとした立像である。観音は球磨地方では妊婦を守る子安神とされる。

病気の治癒に効能があるといわれる薬師も御堂に時折は見られる。（上村には有名な薬師があって、七月の二回の休日つまり土用の丑の日と八日には球磨の各地から参詣にくる）。地蔵と阿弥陀もよく堂の中に祀ってある。いくつもの像が一緒に祀られるのも珍しくない。各彫造は大抵木造で、普通着色され高さも二、三吋のものから五、六フィートに到るまで種々の大きさがある。

堂には大抵仏像がまつられているが、時としてその側に、神も見られる。それは普通、丸い金属の鏡や御幣によって示されるが、多良木の恵美須さんでは木像の神がある。堂の中の像はよく古いビール瓶に新しい草花が供えてある。附近に住む人が供えるのであろう。

ロ　道端の石地蔵

道端では石の地蔵は最もよく見られるものの一つである。時には家の庭にあり、また部落や村の入口にあって、部落の守護者、入口の見張り人となっている。それから危険な場所例えば夏に子供たちが水泳ぎをする場所や数年前に子供の溺死したところに立てられることもあり、子供たちの守り神にもなっている。

石地蔵について面白い伝承がある。地蔵は聾を癒やす神とされ、聾とか耳の遠くなる人は、穴のある石を集めてそれをある特定の地蔵にお供えする。するとその人が聞えるようになるというのである。今村のこの地蔵には、蠟燭をともし、香を焚き、ひざまずいて、神道流に手を打ち、仏教流に「なむあみだ」と唱える。これには別にきまった方式はない。もしも首尾よく癒った時には、地蔵にその贈り主の名と年齢を記した幕を寄贈したり、鮮かな色彩の涎掛けを作って、地蔵の首のまわりに結んだりする。

けれども大抵の地蔵は、陰暦の六月二十四日の地蔵の日を除いては、蠟燭の御供えはない。その前の晩には、各部落で夫々お祝がなされ、地蔵の前には蠟燭や線香や、餅等が供えられ、ささやかな酒宴が開かれる。地蔵はまた前に述べたように結婚式にも関係があり、花嫁の守り神でもある。この最後の点に関しては、子供と何かの関係があるのかもしれない。地蔵について正統な仏教的概念——あの世の子供の魂の守護者としての——は少数の人に抱かれているが、大部分の人たちはこの信仰については何も口にしない。多くの地蔵は坐った姿勢の特徴ある人間を表わすように彫刻されているが、単に石の柱に石の帽子を上にのせただけの形のものもある。

八　庚　申

道路ばたの石像には、地蔵と同じによくみかける他の型の石がある。人間の形に彫られたものでなく、単に碑文が刻まれた直立した板石で、庚申、庚、猿田彦といわれる。加藤教授[10]はこれと地蔵の両者は本来男根崇拝に由来するものであるとされる。地蔵は婚礼のときは、性とか受胎に関係あるとみられるが、今日のところ須恵村ではこれらは一般には男根崇拝の意味はもっていない。地蔵と同じく、守護神と考えられ、道路の交叉点によくみかける。ほとんどの部落にも庚申があり、老人たちは新しい花を供えている。むかし四辻は非常に危険な場所とされた。敵の来るのを待ち伏せし、知らずに近づいてくる相手を躍りでて切り倒した。庚申の石はこのような場所に置かれるようになったとのことである。猿田彦というのは、日本の古代の神々のうちの一人で道案内をつとめたといわれ、それで道路の神とされている。どの石にも仏教語の庚申が書かれている。庚申は六十日毎に組制度に基づいて、お祭りがいとなまれる。覚井には庚申はない。

これらの二つの石が普通、最もよく見かけられる型であるが、まだこのほかに幾つかの変わった型がある。たとえば、歯痛を癒やす「市動さん」があって、人々は小楊子をこの石の前に供えるのである。それは人間の形に似ない地蔵と同じ形のものである。

二　水　神

飲料水や洗濯に供せられる自然の泉や川は、榊の枝や御幣で浄められる。「水神」は井戸や小川に住み、どちらかといえば有益な神であるが、「河の神様」は反対にむしろ有害な神である。河の神は子供が溺れていても目もくれない。それで地蔵が子供の泳ぐところに祀られるのである。水の神はどこへでも滲透して行くことができる。井戸掘が新たに井戸を掘るときには、水神に塩と焼酎をお供えとし、また新しい橋ができたときは川の神に焼酎が供えられてその使用者に災害のないように祈られる。それから竈が新造されると、竈には神がいるので、古い竈から灰を移してくる。木炭竈で木炭が焼き上るときには、いつも焼酎と塩とが竈の神に供えられる。また新茶の炒られるときにも、焼酎と塩とが竈の神に供えられる。

これらの神の性については全く不明であって、その他の属性も判然としていないが、その姿からは明らかに人間であることがみとめられる。敬語のサンとかサマ付けでよばれる。堂の中や路傍の地蔵の側に坐っていても、人気のない道辺に坐っているような孤独感に襲われないし、母親たちも堂の中で子供が遊んでいれば、多少とも安全だと感じるのである。さらに観音や地蔵も各自の神通力をもっているものとされ、同じ「地蔵さん」であっても、決して同一のものではない。

部落の入口には、神主が春・夏・秋の特別の「祈禱どき」につくった特別の「おふだ」がかざられる。部落から疫病、悪霊を退散させるためである。人間はこういう季節の変化に「祈禱どき」の式によって護られているが、馬が同じ時期に「ちざし」によって体が維持されるのとは、方法において全く一致している。季節の変り目は、むかしから馬にも人にも危険が多いとされた。馬でも牛でも村落生活にとってきわめて重要な家畜であり、むかし供え物として神社[11]に奉納された。それで人が護られる時期には馬も牛も保護されるのである。

6　祈禱師

球磨地方では祈禱師は祈りごとを職業としているので呪い師《マジナ》ともいわれ、小さな宮とか寺とかをお守りしているのが普通である。須恵村には、三人の祈禱師がいて、そのうち二人はお稲荷さん、もう一人のは天台宗の末派に属していて、三宝荒神という名のちょっとインド人風の像に祈りごとをする。このほかに数人ばかり個人的に祈りごとで病気を癒すものがいる。このうちの一人はかなり貧弱な老人だが、ほかのはどちらかというと、裕福なくらしをしている女であって、太陽と天照大神との協力によって病を癒やすと公言し、村の神主でさえ彼女をその世嗣ぎであると思っているくらいである。ところがもしも彼女が多数の帰依者をもつようになれば、大本教みたいな大衆的な宗派の創設者と同じに、政府は権威を冒瀆するものとして弾圧するにちがいない。

村では病人が出ると、本人か親類のものが代りにすぐさま祈禱師のもとへいく。祈禱師は病人の状態や生年月日を聞き、神前の床の間にいって祈りを捧げる。祈禱師は神道の信徒も仏教徒も、ともに邪気から本人が逃れるために御幣をその頭のうえで振り、「お札」とか「お守り」を与えて治療上の注意を与える。村人たちは祈禱師の治療に関する力を医師と同じくらい、あるいはそれ以上だと考えているし、それに治療代はずっと安くてすむのである。隣村にいる医師の治療代が、一回の往診に一円はかかるのに、祈禱師には十五銭見当の米か卵かを重箱につめていくのである。そのうえ祈禱師は同じ村の住民である。

牛でも馬でも病にかかったときはすぐに相談にいく。家畜や畜舎を建築するにしても、祈禱師が地鎮祭によばれるのが例である。するとまず彼は、建築予定地の四隅と真中との五本の柱に御幣をかざりつけ、建築請負人が彼の浄めた小石――川からとってきたもの――を十二箇もってきて建築地の柱の間に入れる。陰暦にいって一年が十三ヶ月ある年まわりには、小石が十三箇となる。祈禱師は建築開始の吉日を占い、予定位置の適否を指示する。それからものに憑《つ》かれた場合にも、祈禱師の家にやってきて、憑きものを追い出してもらう。球磨地方では、そういう憑きものはいつでも大抵犬の精とされている。猫や狐の精とされることもあるにはある。子宝を授かるように願う婦人も、祈禱師をたずねるか、観音「堂」や禅寺の観音にもうでる。溺死のような突発事故が起きた場合でも、死体を発見できる場所を教えてもらいに祈禱師の所へかけつける。時には縁談のよしあしや相性の相談にもでかける。

正月になると、祈禱師は家々の祓いの式(星祭り)を行い、新年の邪気や疫病を追い払うのに招かれる。二十九とか四十二歳とかの厄年に当る男子のためには星祭りのほかの呪術が行われる。これには悪霊退散の御幣がふられる。祈禱師は星祭りと同じ儀式を年に一度部落内の同一の姓の人の集団に行うのである。

須恵村で圧倒的な人気と勢力があるのは、上手部落の天台宗の寺に住む盲目の祈禱師である。神道や禅宗の僧をのぞいて少数の村人だけが、そこは天台宗の寺であると知っているが、実際は神仏混淆である。入口には神道を特徴づけるしめ縄がさげられているが、本院に入ると仏教風な錦襴と美しい音色をかなでる鐘とがある。ここの住職は祈りごとに際してこの鐘をたたくが、その音は上手ばかりか覚井でも、川瀬でも明瞭に聞える。それで時報の役にもつかわれている。ここに祀ってあるのは、外貌がまるでインド風の三宝荒神である。それにしても仏教の経文が読みあげられる。須恵村にかぎらず近隣の村からでも参詣人が多い。彼は「けぎゅうさん」とよばれている。「検校さん」の意味であろうが、神官からは軽蔑をこめて「めくら」と呼ばれる。この寺はもと球磨十六寺のうち今でもなお残っている十寺の一つであって、三百年の歴史をすごしているという。以前にはこれらすべての寺々の住職は、みな盲人であったが、近ごろになって目明きの住職も住むようになった。上手の寺の住職は、盲目だった先代が盲目の息子をもたなかったので、養子にきたひとである。ところでこの現在の嗣子は盲目の住職の子ではあるが、目があいている。祭日は各陰暦の月の二十八日である。十一月の二十八日は大祭日で、この日には信徒が米とか焼酎とかをお供え物としてたずさえて詣でる。

次に有名な祈禱師は覚井の稲荷神社の神主である。この養母が、夢の中で稲荷のお告げを聞いてこの神社を創立したと伝えられている。彼は養母がなくなってから神社をないがしろにしたのでやがて病気になった。ある夜の夢に狐に会ったが、翌朝家の後に狐の穴を見い出しこれは稲荷様のお仕業と見て改心して神社を新築した。十五年前のはなしである。この神主の祈禱は上手のと大同小異であるが、その用いる道具はすべて神道のものである。村社の神主は、前の天台宗の祈禱師を認めていないが、この稲荷さんは認めている。

お稲荷さんは穀物ことに米の神である。それで大概の農家で祀っている。また淫売婦や芸者の守り神でもあって、どこの女郎屋にでも祀られている。こういう奇妙なゆきがかりから、須恵村の稲荷神社は、農民や病人から大切にされるだけでなく、免田の料理屋から芸者が参詣しにくる。新暦の一日と十五日とに着かざってやって来るわけで、参詣後は二、三哩も歩いて帰らねばならぬのでその前にお宮の縁に腰をかけて煙草を一服つけ、話にうち興じたりする。それが村の女たちとは著しいコントラストをなし、その夫たちに免田の色街への誘惑をかきたてることになる。お稲荷さんの祭は、陰暦の二月の最初の午の日である。この日にはぞろぞろ人がここ とか他の稲荷とかにお詣りして、賽銭ばかりでなく焼酎、蠟燭、米などをお供えして、さてそれから座を設けて飲み食いをはじめ陽気にさわぐのであり、神主の妻が食べ物を出してくれる。この日には、また家で稲荷をまつる農家は「お稲荷さん」に特別のお供え物をする。

須恵村の第三番目の祈禱師は、北嶽神社の神主である。北嶽は須恵村と四浦との間の山であり、北嶽さんとよばれ、ここに神社がある。祈禱師の神社は覚井にあって分社となっている。相当の老人なのでその養子が勤めの大部分を果たしている。また別に息子も自分の小さな稲荷神社をもっている。

これも矢張り夢のお告げによって建てられたという。狐と夢と稲荷との間には不可分離の関連がありそうである。[12]

めくらの僧侶は、勤めが忙がしいので、他の職にはついていない。稲荷本社の祈禱師は同時に農民であり、その妻は豆腐屋である。子供も多い。北嶽の祈禱師は貧乏で、息子は焼酎工場の配達夫として働き、その合間に祈禱をする。祈禱師は社会的には決して身分の高いものでなくて精々で中の下ぐらいである。須恵村には医者がいないので、近隣の町から立派な医者をよぶとなると非常に費用がかかる。隣村に医者がいるにはいても、藪井竹庵である。医者には誰も社会的関心を払わないために多くの子供たちが死んでいく。農民は余裕があるかぎり有効な手段を採用するのに汲々としている。例えばランプに代って電燈を、わらじの代りにゴム靴を用いている。だがいまもって医師をよぶといったことには一顧の価値もみとめていない。裕福な農家は祈禱師の代わりに、人吉の医師のところへ行くが、とても普通ではこういう余裕などない。天台宗の祈禱は平安朝の陰陽道にまで遡り得る。源氏物語にみられる祈禱師は今日も球磨で行っているのと似た機能を果たしている。

7　憑き物（つきもの）

各部落には少なくとも一人の「犬神もち」といわれて、とかくの評判をもつ婦人がいる。必ずしも生れづきから病的なのではないが、とりつかれた人の意にはおかまいなく時として本人の意志から離れて魔道を働くのである。

この憑きものにとりつかれた家には、きまって屋敷の片隅に小さい地蔵や何かほかの神の像の祠がある。これは「事実上」の犬神の像であり、神を慰めるためにお供え物をする。犬の頭が石のしたに埋められているものと信じられている。犬神もちは敵を病気にしたり、死に至らしめることさえ可能なので人々はこれを口にするのもひどく忌みきらう。あまりずばずば語るとその人へとりつく懸念がある。犬神が被害者の家に放たれると、奇妙なさけび声をあげるのが時として聞かれるし、それで現に犬神がいるとわかるのである。声が聞えなければ、そのとりつかれた人は、自分がどうなるのか、また自分の病気にどんな療法をしたらいいのかもわからない。けれども一度犬神につかれたことが確かめられると、すぐさま祈禱師のもとにかけつけなければならない。

幸福を祈る祈禱師は、大部分が男であるが、男に害を加えるのは、たいがい巫女《みこ》である。男よりもずっと執念深いといわれている。その魔的の力は家にとどまって女子相続によって伝えられる。人よりも時には家にとりつくことがあって、そういう家に住む者と何か争いごとをすれば危険このうえもない。家にとりくのはつぎの二つの型がある。一つはそのとりつく家に悪運をもたらす「貧乏神」であり、他はその家に繁栄をもたらす助けとなる「福の神」である。たとえばこの家の人が、米を売るときは、福の神が中に入りこんできてふくらますから一杯に計る必要がない。反対に買う場合は福の神が踏みつけるために、量目は増さねばならない。それでこの神をお慰めしなければならぬ。そうでなければすぐに家を離れようとなさる。その好物は赤飯であって家人は常々神棚に椀にもってお供えしている。

呪詛をするのは、羨望と嫉妬とからである。もしも非常に富裕な家の者の隣りに「犬神持ち」がいれば、その家のものがことさら嫌いでなくとも、その人の富をただ羨望するだけでもう犬神が飛び出して行って、その金満家の馬（一五〇～二〇〇円）が死ぬとか、その家屋が焼失することになる。嫉妬はさらに病や死をひきおこすようである。呪術は眼に見えないため、「風」だといわれることがある。天台宗の祈禱師の「犬神」そのほかの呪詛に関する話によれば、もしも呪詛が水神によってなされる場合には、その水神がきらう黒い金属でもって解かれるのである。このためにはこれを小川の底に埋めねばならない。山の神による場合は呪う人は木に釘をぶち込む。呪いは祈禱師がとりはずすか、あるいは呪われた人の無事を願う祈禱を行うことによって解かれるという（とくに後者は呪い殺す場合に用いられる型だと、村民のあいだで信じられている）。

封建時代に相良侯は、犬神持ちは「地蔵」や「お堂」を建てたり、経典を石の箱におさめて埋めてそのうえに石をのせたりして、その気持を落ちつかせておくために何らかの形式で信仰をもたねばならないと教えた。犬神が黙ってしゃべらないように、石地蔵を建立した人もある。

犬神は心底から信心しない人の家にとりつく。それに犬神は人や家を離れたり、ある人についたり、家の敵にのり移ることも出来る。この点でみると犬神は全く自分から人にとりついたり、離れたりするところ、普通の呪術と違うわけである。犬神は祈禱師の祈りや、やいとをしたり、ひし餅型⑬の紙のナイフで体の痛む場所——痛いところに犬神がついている——を見出すために体に触れたりして祓い清められる。そこで神主は三宝荒神によって憑きものを追いはらわんと祈るのである。とり憑かれた人は体のふるえるのが特徴である。

日本のほかの地方でもそうだけれども、須恵にも狐つきの信仰がある。近年になってそういう特別な例はない。狐が出没したので有名な場所があちこちにある。線路に沿って現われる狐の提燈行列についで、しばしば興味深い話がある。これは鉄道が敷設せられたときに狐の巣がこわされたので今日でも狐が化けて出るというのだ。誰れでもこういう狐の幽霊が出現するのを恐れているようである。

8　一生の三つの危機についての信仰

イ　出　生

出生についていろいろの信仰はもともと神道に関したものであるが、また多分に仏教的要素もある。第六章でみたように妊婦は、観音の保護を受けているし、子供の魂は「神」とくに村の鎮守である「氏神」から与えられたものだと思われている。それにしても何時から、またどうしてそうなったかは、はっきりとわかっていない。名付け祝には、焼酎とお菓子の供物とが「神棚」と「床の間」とに供えられるが、これはむしろ神道と仏教の複融したやりかたにちがいない。床の間にお供えするのは神道式に行い、名前を書いた紙が床の間にも糊で貼られるが、総のついた数珠を使うのは仏教式であって名を書きとめた紙は仏壇に置かれる場合が多いのである。

胞衣《えな》は紙に包んで、父親が日没に庭の隅とか先祖の墓の近くとかにうずめ、それから子供が従順になるように、この場所を踏みつけておく。もしも踏みつけないまえに犬か何かが掘り荒すと、子供はこの動物を恐わがるようになるという。時には胞衣が便所に投げこまれたり、便所の下に埋められることもある。臍の緒は七日か十日で切れると、その子の髪の毛の一部とともに大事にして紙にくるんで、その上に子供の名を書きつけて安全なところにしまっておく。

子供の名は、祈禱師の意見に従ってつけられたり、変えられたりすることがある。それで享と名がつけられてもその年めぐりが悪ければ、仮に動物の名をよび名にするように祈禱師が忠告する。もしも羊が選ばれるとすると、役場での戸籍簿には享となっていて、日常「ひつじ」とか「ひつちゃん」と呼ばれ、五年間すぎても無事であれば、まずこの通りによばれていく。

子供は最初のころまだ魂がしっかりしないので、氏神へ初参りするまでは、家の中におかれる。この前に子どもが橋を渡れば、水の神が彼の魂を取り去るかもしれない。どうしても渡らねばならない時は、水神に塩を供えて申しひらきをする。このタブーと動物(馬や牛)との名付け式のあいだには関係がある。仔牛や仔馬は、きまって生後三日してから名付け式があって、その名は子供の場合と全く同じ方法で選ばれ、仏壇に糊ではられるが、この前に「河渡し」という式があって庭に水をまいて仔牛や仔馬に水たまりを渡らせるのである。これは子供の場合は、名付け祝の日に赤ん坊の入った沐浴の湯をあらわすものである。

ロ 結婚

結婚式には仏壇が開かれるが、それは先祖さまの御照覧あれという意識から行われるわけである。時には三々九度の式が実際、仏壇の前でなされている。結婚における地蔵についてはすでに第六章でいったところである。結婚式には僧侶は招かれない。⑮

ハ 死亡

葬式は僧侶が家にきて執り行う。葬式と法要とが主な彼の収入源である。

死人の魂はただちに家を離れるというものでなくて葬式がすむまで、家のめぐりをさまよい、埋葬の後でその生前の行為や家人の信心の如何によって、極楽とか地獄とかに旅立つのである。真の神道の信徒（須恵村では神主だけ）は極楽ではなくて、村社をめぐりさまようとしている。極楽は西方浄土にあって魂が阿弥陀のところに集まってのち仏になるという――涅槃――のが正規の信仰である。青壮年（二〇～四〇歳）にの一部は自分の心のほかにどこにも地獄、極楽はないと信じている。真面目に生き、またよい行いをすれば極楽というものは自己のうちに存するとしている。自己の煩悩が消滅してからの涅槃の信仰は村ではあまり知られていない。けれども迷信ともいえるような二、三の信仰が村民のあいだで広くみうけられる。蛇を怖れる人の前身は蛙であるとか、すでに死んだ祖父母によく似た孫はその生れ変わりであるとか、口語りにいわれている。

地獄、極楽の観念は大抵、僧侶の説教からみちびかれているものであって、村人は年寄りになるまでそういうことをあまり考えない。葬式の準備は死人の成仏を助けるためにいとなまれる。六堂地蔵には六本(多くの部落では三本)の蠟燭が立てられるが、この蠟燭は死人が通らなければならない六つの関門を守る六体の地蔵にひとつずつ供えられるわけである。また「三文銭」(今では、一銭とか二銭だが)が用意されるのだが、これは三途の川の舟渡し賃である。これらは慣習的にそうされるのであって、誰もこの理由については語ることはできない。それから死体に米を供えて後で墓に納めるが、あの世で死人の魂がみんな長野の善光寺に集まるときの飯米とせられる。それに尚折りたたんだ白紙を、男の会葬者は耳のうしろに、女は髪の毛につけて、野辺の送りの列に加わる。棺の前の盆にはさらに一つの米を盛った椀がほかの食べ物とともにおいてあるが、真中に穴のある紙がこの椀に糊ではってあり、この穴から悪魔が逃げ出すしくみである。それにひとつの特徴は死人の生前の信仰によって、その魂の行き先が決まることである。真宗ならば阿弥陀如来の極楽浄土へ、禅宗ならば他の極楽とか、神道は村の神社へいくといった風になっている。

どの部落でもその固有の埋葬習俗がある。村民の大部分は真宗であるにもかかわらず、埋葬形式は死人の宗派の相違に基づいて行われている。でもそれら形式には優劣の感じは少しもない。

火玉のような霊の存在は幻想によるもので、しかつめらしく極楽とか来世について語る人でさえ、火玉の話には興味をもつようで、事実これを見たという人が多く現われている。これにも二種類はある。

一「火玉」——米や麦が粗末にされて焼きすてられたりした場合は、尾をひいた火の玉となって表われ、家から風をきって飛んでいくようになる。その家の人にとってこれは縁起の悪いことだ。

二「人魂《ひとだま》」（電球の大きさの火の玉—人間の魂）——まさに死にひんしている際に、魂はこの形をとって現われ、親類の者の目には距離に係わりなく映じてくる。死んで後にこの人魂が家のあたりをさまよう。生前に悪人だった者、死んでから極楽へ行けぬ者の魂は、ともすると人魂になりがちである。人が死ぬちょうど前にこれがありありとみられることがあるという。

① 神道の儀式について、W. G. Aston, Shinto : The Way of the Gods, London 1905. Florenz, Ancient Japanese Rituals. を参照。

② Charles Eliot, Japanese Buddhism, London 1935, p. 263.

③「毛坊主」というのは、普通の僧侶とちがって髪を剃らず、毛を伸ばしているので、その名がある。真宗の僧侶は鹿児島でも同じ苦難を蒙った。H. B. Schwartz, In Togo's Country (Cincinnati, 1908), pp. 56〜57. 参照。

（訳者注）北陸や飛騨にも多くみられ、俗人でありながら、村に死者があると導師になって弔いごとをする。その多くは長百姓で学問もあった。村ごとの道場（明治五年道場廃止令によって、民家に編入されたが、のちには復活して真宗の寺院となったものもある）にもみられ、農村における真宗寺院の前型をなした。

④ 僧侶の第一の任務は、葬式、供養、星祭り、それから病気治療の祈願にあるとしている。

⑤ 位牌は必ずしも仏教徒でなくても、日本のどの世帯にもあまねくみられるものである。この考えの基礎は儒教が日本へ導入してきたのであろう。ところで穂積博士は、祖先崇拝そのものが、中国の影響を受ける以前から神道固有のものであったとしている。今日では、位牌というものは仏教的なものとしているが、本源にさかのぼればそうではないわけである。

⑥ この大麻と暦とが、何百年ものあいだ伊勢神宮の神宮たちの収入源をなしてきた。G. B. Sansom, Japan : A Short Cultural History. (New York, 1931) p. 71. Kaempfer, History of Japan. (Lonbon 1727) もこれを記述している。

⑦ お札は大麻と同じに発行する神社名をかきしるした紙の護符であって、伊勢神宮のものだけが、とくに大麻と称せられている。

⑧ Bachanan はその著書において、稲荷と大黒とは同一のものであるとしているが、須恵村では是認されていない。

⑨ 地蔵については道端の石地蔵の項を参照。

⑩ 加藤玄智 “A Study of the Development of Religions Ideas among the Japanese People as illustrated by Japanese Phallicism”, Transactions of the Asiatic Society of Japan, Second Series, Vol I, Suppl. (Dec. 1924).

⑪ 免田の八幡様の祭や人吉の葵祭には、町々の御輿のおねり行列に馬を寄贈した。所有者はその代わりに贈物を受けた。

⑫ 稲荷崇拝は日本に広く分布している。(D. C. Bachanan, “Inari” Transactions of the Asiatic So-

ciety of Japan, Second Series, Vol. XII, 1935)
⑬ 雛の節句の菓子も菱形であるが、この形態は女の性的意味をもつ。
⑭ S. Freud は "A General Introduction to Psycho-analysis" (1935) において、夢のなかに現われる水の性質は出産と関係があるという。須恵村における人間一生の儀式は、精神分析学者に幾多の示唆を与えるであろう。
⑮ 市や町ではこのごろ結婚式が神社を利用して神主の司祭のもとに行われるようになった。

9 祭事暦

村の祝祭日は、陰暦によっていることが多い。日本の農村の陰暦のシステムは、実際のところ中国のそれと同一であって、中国の暦に関する記述そのままが今日でも須恵村に当てはめて考えることが可能である。

中国の一年は、閏の月をふくむかどうかによって十三ヶ月かに分けられているので、冬至とか春分とかは、翌年の同月同日にまためぐってくるというようにはいかない。普通は五年間に二日の閏の日がふくまれている。この閏月は、日常の会話や法律上の文書にもみられ、六月が閏であれば、六月が二度つまり六月と閏の六月とがあることになる。(須恵村では閏月に祭はない)また一ヶ月は、二八日とか三一日でなく、いつでも一月は二九日か三〇日となっている。月(マンス)はムーンと同字である。

一月の日数は、そのあいだに月が地球の廻りを一回転する日数によってきめられる。回転には、二九日とか三〇日かかるので、月によって二九日、三〇日を数えることになる。それで月齢を示す数が、そのままその月の日の数を表わし、年々の各月の同日には月の形は同一の状態となる。たとえば各月の十五日には満月となり、朔日に月は現われない。上弦の月は七日の夕方に、下弦の月は二二日に終ることになる。だからこの月の形状に基づく日の決め方は、農夫や船員にとって月の変化や潮の干満を正確に計算し、また容易に思い起させることができるので、非常に便利だし有益なものである。[1]

中国人はこのほかに二十四節の季節の暦法をもっている。これも部分的に日本に保存され、立春、小暑、大暑、小寒、大寒などが残存しているし、日本の彼岸もこのひとつである。日本の田舎では、中国と同じく季節の変り目は危険であると考えられていて、中国人は精をつける食物を食べるのだが、須恵村では「祈禱どき」の儀式が行われ、部落の入口にお札がかかげられる。

一、八、十五、二四の日は「村」の休みの日である。部落によっては二八日[2]も休みである。この日には午前に働くだけで、午後には「講銀」とか「同年講」とかまた学校の集会が開かれる。祭がこの休日と重なればお寺参りや親類の訪問をするが、休日の一両日まえに祭がくれば休日は取消しとなる。休日には青年学校では、授業や軍事教練がある。学校や役場は日曜ごとに休み、地方の休み日と無関係であり、農夫は日曜でも、休むことはない。満月になる各月の十五日[3]はきまって祭日であって、どうかすると一日（朔）、八日（上弦）、二三日（下弦）にもすることがある。

各家庭には太陽暦のカレンダーがかかっていて、その日付の下には、陰暦の月日、友引き、大安等とかの日も書き加えてある。友引きの日は縁起が悪いとされ、引き越しとか商売上の冒険をせず、反対に大安の日は縁起がよいから、新しい仕事をはじめるのによいとされている。さらに十二支があって、この動物の画が暦に描かれている。中国から伝承されたもので、寅や羊等は日本に固有の動物ではない。この十二支の名称は年と日とにつけられる。またこの動物の何の年とか何月、また何の日の何の刻に生れたかということは、占い師や祈禱師にとって、判断の重要なよりどころともなり、人生の運命の軌跡がこの年と日によってさだめられるのである。たとえば牛年生れの女は気性がはげしいとされ、結婚の障害となっている。しかし須恵村ではこのようなことがない。ウイリアム・エルスキンはその著「日本の祭礼と暦法」において、この種の信仰について具体的にいろいろ述べているが、その書いていることは主として、僧侶に関することばかりだし、彼のあげている祭に即してみても須恵村では見うけられない。

お正月、ひな祭り、鯉のぼり、お盆などの大きな行事は親類間の訪問、御馳走、賑やかな酒盛りに特色がある。ちょっとした酒盛りをする小さな祭りもある。祭りには親しい近所のものが、宮参りやその日の神に供え物をした後で、神の前に一緒に坐って杯を交したり、時に月夜には歌ったり、踊ったりする。

昔は今よりも一般に年々の祭りは守られていた。ところが、換金用の小麦栽培で仕事が増加し、また県庁の奨励による副業がふえてきて祭りは少なくなる一方である。さまざまの経済計画、殊に新経済復興計画は、これまでの行き過ぎの虚栄の出費をおさえて、村人にもっと多く働くことをすすめている。それに近郊の町が年々の祭りを商業化させてくる傾向があったので、村人は町に出て縁日や雑踏を楽しもうとし、村の祭りに気をつかわなくなってきている。

村には、このほか国の祝祭日がある。この日は役場の吏員が村の神社に参拝するだけで、村人たちは普通の日とすこしも変ることなく仕事にいそしんでいる。県道沿いの家では国旗がかかげられるが、道からはずれた家は村長が国旗を買って掲げるようにいつもすすめていてもあまり効果がない。この祭日は、季節感覚と連関のない都市には行われやすいが、野良仕事に忙しいときの祭日は村人たちにとって容易なことでない。「村」では仕事をする日数がすこしずつ増してきている。明治以前には祭は旧暦によったが、今では新暦による国の祭日ができて、生徒たちには休日であっても、農民にはどうしても不便でなじめない。他方、旧暦のお祭りは大部分半どんにするか、または主婦が単に特別な御馳走を作る日と変ってきている。学校も役場もこういう地域的のお祭りには関係していない。

一　月④　旧暦の新年は、冬の終り（新暦の二月）にくる。葉のない梅の花が満開し、春遠からじの感を深くする。正月には村人たちは一週間ばかり休み、このときに親類どうしお互いに訪問しあうし、贈り物をし、雑煮の御馳走をいただく。むかしは贈り物をもって一軒一軒訪ねたが、現在では経済的理由から親類中一軒の家に集って、今年は家族が妻の親類の集りに行けば、つぎの年は夫の親類に行くように順ぐりに集いをする。

元旦の前には、餅がつかれる。丸い大きい鏡餅は三つずつ仏檀の前や床の間に飾られ、大黒や近くの地蔵には小さいのが供えられる。十三、四日まで供えてから鏡餅が食べられる。花嫁はこの時期に里帰りをし、負債はきちんと年内に支払われ、または結末がつけられ、奉公人は一年分の給金を年末に受け、また契約を新たにする。下男は着物、下駄、帯、半股引やタオルを、女中は着物、腰巻、下駄、帯といったもの、それに小遣をもらい、普通は二、三日の休みを貰って家へ帰る。

村人は元旦に神社やお寺にお参りし、山の部落の人達は四浦の北嶽に参る。元旦には家の戸をいつものように早く開けない。どうかすると閉じたままのものさえもある。家の者は特別の赤飯と前夜作った芋の汁を食べ、料理はまず作らない。学校は一時間あるだけである。これは田舎の地方だけであって、町では旧の新年は行われない。

新年の挨拶まわりと集りとは三日から七日まで続く。七日には七草雑煮を食べる（二四四頁図参照）。ごくわずかの村人だけがことさらこの風習を守っている。七草粥の日はひな祭、端午の節句、七夕、菊の日と共に日本の五大節のひとつである。このうち最後のものは須恵村では見られない。⑤八日に今村の薬師堂に祭りがあり、「部落」の「組」の女は、お茶と豆をもって接待する。十四日の朝にはふたたび「小正月」といって餅がつかれる。三つの「串だんご」が「床の間」にかざられる。午後に子供たちは縄で結んだ藁の杵を作り、地面を打ち歩きまわる。もぐらもちを叩いて歩くつもりで、この呪術で野原からこの小動物を追い出すのだといわれている。夕方になって家族の者は、火のまわりに集まって人形や色々のもてあそびものをつくる。長さ三、四インチ、直経約四分の三インチのアカシヤの木に顔をかいて、紙の着物を着せ、下に竹をうちつけて、人形が出来上る。これを床の間の前の米の袋の上とか、米の倉庫にかざるし、つぎの日には「ぢぬし」の前におかれる。飛ぶ猿やその他の玩具も作られて一緒に置かれる。人形は四ヶ月後の田植えのときに手伝い人が多いことを期待して作られるのである。父は小刀細工をし、子供らは着物を裁ちインキで家の印や紋をつける。

この日に餅を色々な形に切る。小さい四角や、長方形に切って米粒を表わしたり、また丸く切って大判、小判の形にする。これらは柳や、榎の枝につり下げる。この木は祭りに用いられ、むかしは餅とか貨幣とかを、この木の上におくとふえるとされた。

餅の枝は新しい年の豊作と増収とを予祝するものであり、神棚や、花を飾ってきれいになった仏壇の前に置かれる。しもの病気にならぬようにと厠に、また台所、廊下の入口、家の玄関、時として風呂場や「ぢぬし」にもおかれ、戸外では、「堂」や近くの地蔵、池の神や、家の墓場にもおかれる。仏壇の枝は取り払われてから春の最後の大雷雨まで貯えられて、この時に燃やされる。

十五日は正月祝いごとじまいである。これからは考えごとはすべて稲作労働や収穫前後のことに変ってくる。十五日の祝は小麦⑥の冬作について少しずつ意味がくみとられてきた。不思議なことだが冬の麦まきや、その収穫[7]には祭はともなわない。十六日には「伊勢講」がある。石坂部落では、この日「天照神社」で祭りをする。二十三日には、月見の休日があるが、現在では殆んど行われていない。月にお供えものがされるだけである。

二　月　一日と二日とは休みである。一日は「たろついたち」と呼ばれ、山と川の神が場所を交替する。この日には通常、目に見えない神の存在を見るには気がとがめるし、この日には溺れることを恐れて誰も川に行かない。お札のところで述べた魔除けは、この時には「祈禱師」によっていとなまれ、稲荷の祭りまで病気除けに着けられる。二月の初午の日は稲荷の大祭であって、人々はこぞって村の稲荷神社に参拝し、お宮に米や焼酎を供えて神主から御馳走とお神酒を受ける。

九日には、山村の平山では「火の祈禱」を行う。これはその昔に大火があって全家屋が焼けてからずっと続けられている。緒方という名の神官（球磨には緒方の姓の神官が多い）は、免田からきてこの式をとり行う。年ごとに家は違うが、式をする家の「床の間」の前でお祓いをする。火事は多く九日、十九日、二十九日に起こるものだといわれるので、平山では九の日を式の日にきめた。二月が選ばれたのは、農閑期であって、薪はすでに伐られてあるし、野良仕事はまだはじまっていないからである。式のあとで神主が正座について宴会が開かれる。いつでも部落の半分は接待係で、のこり半分は客分になる。十五歳以上の者ならばすべて一升の米を持ちより、十五歳以下の者はたとい一歳でも二合五勺を出す。ある者は焼酎をもってくる。平山の全員がやってくるので、大きい家で行われる。お神酒や焼酎、それから魚、松茸がだされる。女には魚でなく、切り干しが出される。戸主は御幣を貰い家にもち帰って「床の間」においておく。御幣は火災予防に、神主が作ったものである。

十五日は仏陀が涅槃に入った日であり、老人たちだけで守られている。彼岸(新暦では三月二十一日)は国の祭日で、深田の真宗の寺では説教があり、禅寺では地獄の図が飾られる。秋の彼岸は春のより重要である。どちらも「お講」にとってよい時期である。女は婦人病にかからぬように人吉の青島寺に参詣する。

三月　三日はひな祭りの日である。まえの年に女の子、とくにはじめての子が生れた家では親類を招いてお祝いをする。親類から人形を贈られ、床の間にきれいに飾られる。その二、三日まえに摘んだ草を入れた、みどり色のダイヤ型の餅が供えられる。祭は二日にわたる。十五日は「御夜」で、十六日は市房山の「おたけ祭」の日である。地方の大祭のひとつで、山に参詣にくる人が多い。登山するには、前夜か早朝に出発して神社の近くの山腹で仮眠する。以前は須恵村を通って行ったが、今日では汽車で山の麓まで行く。中には山の麓の湯の前の支社にだけいく人もある。この日は除隊した兵隊たちは、神聖な土のお守りを返納するために参詣し、新婚の夫婦は市房山の中途の神社に歩いて参詣する。夫婦が道で「さわら」という杉の枝をとって山腹にさし、もしもこれが根生えて成長すればこの夫婦に繁栄があるとされている。頂上まで登る人もある。十五日の夜、山道は若い人々で一杯になり、道筋の茶屋は焼酎や酒を売ってとても繁昌する。昔は他の行事と同じくもっと一般的に行われていた。市房の祭日には二、三の歌がある。

三月十六日の歌

一、今日は日もよし　何処へ
しん寺参り
はらい婆も出て見やれ
孫つれて
　ナ　ヨイ

二、傘は忘れて
免田の茶屋で
空が曇れば
思い出す
　ナ　ヨイ

三、おたけ山から　何処へ
湯山を見れば
湯山おなごが
出て招く
　ナ　ヨイ

四、おたけ　ご参詣
と　うちゃ　いうて
出たが
おたきや名ずけて
気なぐさん
　ナ　ヨイ

傘は歌の意味を表わしている。というわけは参詣の日にことによく雨が降る。帰り道、十六日の水上の猫獄を訪れる。

雨が降るのには二つの説明がされている。

㈠ 昔、猫寺に僧がいて殺された。その母がこれを怒り、自分の猫をよびよせ、腕を切ってその血を猫に吸わせて仇をとってくれと命じた。猫はそのとおりに仇を討ち、それから市房山で死体になって表われた。そのむくいとして市房の日には、雨が降るというのである。この物語は水上の寺が猫寺といわれる由縁も説明している。

㈡ 多くの人々ことに若い夫婦が市房へ行くので、放尿や分泌物が多くなり、これが山の神の怒りを買い雨を降らして汚れを清めるといわれる。

猫の物語にはつぎのようなのもある。相良家の初代の領主が勢力を得たときに彼は前の領主を殺した。その妻（また母ともいう）が猫を使って復讐し、領内に悪疫をはやらせた。ついに相良侯は水上に猫のために神社を造営させ、三月の十六日には球磨下流の人々にみな参拝するように布告を出した。それでこの日に参拝者が来るし、同時に市房にも詣るのである。これは市房神社の神主の話で、十六日は本当の日ではなく、十一月の十五日であるという。後者の日は一一〇〇年前の建設の記念日となっている。神社でも寺院でも、この時には有名な猫の絵やせんべいが売られる。

三月二十一日は弘法大師の日として、古多良木の大師さんの小さな御堂に参る人が多い。須恵村では、薬師、観音の御堂と同じく「組」の組織でいくのである。大師さんの境内に、今村のある家の祠があり、持ち主は三月と六月の二一日には、ダンゴをお供えする。村民はこの大師の祠を、事実のところ、犬神の祠と思っており、この家の婆さんは犬神にとり憑かれた人だとしている。

四月　一日は「祈禱どき」即ち祈りの日で、大抵の人はこの日を半ドンにする。もっとも部落によってはみな集まって神官に頼んで、部落に病気や災害のないように祈禱をあげてもらうこともある。四日は「かぜとき」であって、小麦や米の粉で「カザダゴ」というお菓子がつくられる。この休日には、風が作物に害をもたらさないようにと風の神をまつるのである。第二番目の風の日は七月四日である。八日は釈迦の誕生日。この日は禅寺や、上手の祈禱師(天台)や阿蘇部落の釈迦堂では法会がある。二寺院では盥に甘茶が用意される。盥には七、八インチの釈迦の立像があって、お参りした人びとは、小さな竹の柄杓で甘茶を盥から汲んで飲む。甘茶は釈迦の体に注ぎかけられると聖められて、どういう疾病でも癒すことが可能だとされている。一銭か二銭か出して甘茶を瓶に詰め家にもってかえる。家族の全員、とくに赤ん坊や老婆はこれを額や足や耳にこすりつける。

阿蘇の釈迦「堂」では法会は「組」で行われる。当番の組が甘茶をつくり「堂」[8]を掃除し、参詣人にお茶を出す。部落の婦人の一団が相撲取りのような服装をして御堂に行進して来て、境内で力士の踊りをやる。青年達は相撲をやって、どこの祭にでもみられるように見物人からはなを受ける。釈迦「堂」では準備が必要であり「部落」の休暇が要求されるので、陰暦の日付けがあまりおそくて野良仕事(田植えとか、養蚕)の妨げになるような年には、祭りは新暦の四月八日に移される。けれども寺院ではいつも陰暦によって行事がいとなまれる。すべて準備は住職の妻がなしとげて、家族のうちの手のすいたもの（普通は婆さん）が寺にお参りして甘茶を家にもらってくるのである。

五　月　五月は「五月の節句」で、日本中の男の子の祭りである。村ではおもに新暦でこの日を祝う。旧暦のこのころは農家が多忙を極めていて、小麦の収穫、田植え、春蚕と矢つぎばやにやってくるからである。男の子とくに前年に男の子の生れた家では、どの家でも、大きな鯉幟りとか、歴史上の有名な英雄を書いた旗を立てる。長男の生れた家では、祭り方はひとしお大きい。竹の葉に包んだ長い「ちまき」がつくられ、田で捕えた大きい蝸牛が蔬菜とまぜて食べられる。招待された親類の者は旗や刀や時として武者人形をもってくる。

ひな祭に造られる菓子（菱型）の型と端午の節句のそれ（長く丸い）は、村民は意味を識らないが、多分は性的意義があるのであろう。このおりには竹の葉が用いられ、竹の子が食べられるのは、子供が竹の子のようにすくすくと父よりも大きくさえ育つようにとのことである。

十五日は「おはぎだんご」がつくられ、雨季の「ながし」の終りを祀る。これは田植えの終りと一致しているから、このための祭りであるともいわれている。田植えのおわりには「さんなぼり祝い」が「ゆい」で行われる。この時にだんごが仏と大黒とに供えられ、酒が大いに飲まれる。こういう酒宴は時を同じくして村中に行われ、休みが三日間にもおよぶ。小さな宴は田植えが終るとグループ毎になされる。それから少しあとで、各部落は「植え付け供養」を行い、真宗の僧が招かれて、お経をあげ説教をきき、その後でちょっとした酒宴がある。二十三日は月見であるが、あまり行われていない。

六　月　六月には休みが多い。八日は今村の薬師堂の第二回の祭りで、組の組織でなされる。「土用」（いちばん熱い時期）のはじめの日にも祭があってお茶や豆が「組」から出される。うしの日の祭りは盛大なものであって、この日には部落の男衆は、婦人たちとは別の「番帳」で、堂に集って酒宴をひらくのである。須恵村から約五マイルの上村の薬師は、球磨では有名である。六月の八日には郡のあちこちから老人が沢山やって来る。土用の始めのうしの日には、若衆がここ一番の晴衣を着飾って参詣する大きな祭りで、薬師へお詣りするのは若い青年男女の見合いにまたとない機会となっている。御賽銭はいつも一銭である。それで当番の「組」や僧侶は、銅貨の数によって参詣者の数をはかり知ることができる。薬師のような大きな「祭り」には、五千人もの人出があり部落の小さな堂の祭りはせいぜい三、四十人の参詣である。

十四日は阿弥陀の日で、またこの日は祇園の「御夜」であり、翌日は祇園の日である。十五日に禅寺では「施餓鬼供養」の追悼会がある。これは村のすべての故人に対する供養であると信じられている。家族の「位牌」はこのとき寺に納められ、この供養の中に含められる。非常に丹念な供養で、土地の僧侶を助けてさらに近村から三人の僧侶を招いて行われる。竹と藁の仮小屋が、寺の中に建てられ、ここで数々の新鮮な野菜のお供えが作られる。また儀式に用いられる茄子やお供米も置かれる。彩色された紙の旗や提燈が寺のめぐりにつりさげられる。供養がすむと、旗は村人がもち帰り、あとで「大根畑」の虫追いに使われる。野菜のほかに、お供えの米やお金は参列する沢山の村人がもってくる。供養そのものは、村の殆んどすべてが家族のように参列するので、ちょうど葬式に非常によく似ている。十七日は観音の「御夜」、二十四日は地蔵祭りである。これらのお参りするときの諺がある。

あさ　観音に　ひる　阿弥陀
夜頃《よつごろ》　地蔵に　ゆう　薬師

上手部落では阿弥陀、地蔵、観音の祭りは一しょである。「組」と「番帳」の組織が利用され、一組は三、四軒からなり、各人は米一升ずつ寄附し、今年の当番の組は、特定の日に部落の阿弥陀、地蔵、観音に供え物をする。蚕で特に忙しくない都合のよい日に、部落では組の一人の家に集まって会合を開く。この会合は、「六月堂」とよばれ、実際の「祭り」の日とは、別の集まりである。以前にはこのような場合酒を造るために各家から二合五勺の米が集められた。しかし政府が酒造に重税を課するようになってからは、この慣習は行われなくなった。部落の酒造りは、もと今村では薬師さんの日であった。

川瀬や覚井の部落の人々は、「御夜」の晩に観音「堂」に集って蠟燭やお菓子を供えて礼拝をし、それから月光の下で酒宴をひらく。つぎの日は、当番の組の人の家で、会が催される。阿弥陀、観音、地蔵は何の役に立つのかは、明確に理解されていないが、百姓はお祭りするからにはよい収穫をもたらすに相違ないとみている。⑩車曳きや馬喰は、いま守護神である「馬頭観音」を祭る特別の会をもち、特には小さな「講」で行っている。

祇園の祭りは多良木や人吉で行われる。人吉ではとくに御夜になされる。しかも三日間も祭りがつづく。誰もこの日には野良仕事を休むが、それは仕事をして片眼になったといういい伝えがあるからである。(片眼の人物がしばしば冗談半分に祇園の時に引き合いに出される) 須恵村から沢山の人が、この多良木の祭りにいく。ある家では、この祭を祝ってダンゴをつくる。祇園は日本の辞書では八神の一団であると定義づけられているが、須恵村では片眼の神を意味するのである。阿蘇郡や須恵村では、これは胡瓜畑で仕事をしていて片眼を失ったとある程度まで信じられている。現に熊本市では、祇園神社の信者たちはこの日は胡瓜を食べない。

七　月　七月四日は、四月の四日と同じく風の日である。七日はたなばたで、七月の節句である。この日には外で切ってきた竹の枝に子供達は、色とりどりの短冊に名前とか何かを書いて結びつける。

七夕の織姫の物語は、民族的な伝説であって、ハーンの「天の川のロマンス」のなかにも書かれてある。この伝説に加えて村の人は、七夕には霊魂が居所を離れてお盆のためにこの世への旅をはじめるものと信じている。七夕の色紙は、霊魂の注意を引くために外に出しておくのだともいわれる。

十三日から十五日まではお盆であって、正月の行事にも匹敵される大きな意味をもつ。この時には祖先の霊が「仏壇」に泊り、十三日の夜にきて十六日の夜に帰る。初盆を迎える家には、部落の人や親類の人々が皆やって来て、お金や提燈、あるいは米、焼酎、蠟燭、線香やまたお菓子屋は菓子箱の贈り物をする。蠟燭の代りに「そうめん」も贈られる。御礼に客は精進の御馳走が出される。そうめんが魚の代わりをしている。部落によって近所のもの全部は来ないで、代わりに各家が「ぬしどうり」に五銭ずつ出し、これをもって「ぬしどうり」がこの家を訪れるところもある。かような盆礼の簡素化は数多くの強固な慣習に抵触せんとする経済的変化の結果に他ならない。

十三日、墓には花を飾り線香をたく。初盆を迎える家の墓には親類や部落のものがよくお花を供える。御飯や茄子や胡瓜のまぜ合せもお墓や石牌に供えられる。このほかに観音(今村の薬師)や天神にも、また地蔵や井戸や川や猿多彦石のそばにも花が飾られる。この行事は正月ときわめて似ている。家もきれいに掃除され「仏壇」は花や提燈で飾られ、秋の果物や西瓜、それに「餅」も供えられる。あるものは「精進鍋」にお米をたいてこの鍋から「仏さま」に朝夕おぼく米を供える。お昼には家族の食事から供えられる。招来した霊魂は、十六日には蠟燭や小さな松明をともして見送られる。沿道に沿って蠟燭がたてられ、霊に別れを告げる家の入口の道には松明が焚かれる。時には近所の一団はその後ちょっとした酒宴を開くこともある。多良木や人吉には、五尺もある麦藁の船がつくられ、十六日に霊が帰る道づれとして、お供え物がこれに乗せられて川に流される、須恵村では、このようなことはしない。お盆はお正月と同じに、親類どうしが訪ね合い、雇い人達も二、三日の休みとまた着物などもいただく。以前には大変な御馳走をされたが今では節約して行われない。盆は繭を売る準備の時なので一層費用が切りつめられる。

約三十年ほど前までは、特殊な盆踊りがあったが、今は行われていない。残っているものは「生姜の踊り」など二、三の節にすぎないが、これも少数の年寄り連しかおぼえていない。

「生姜の踊り」⑪

一、生姜おどりにゃ
足びょうし　手びょうし
足が揃わにゃ
おどられん
　どっこいしょ　しょんがえ

二、生姜ばばさま
めいざん　好きです
夕　九つ　今朝　七つ
夕　九つにゃ　しょくしょはせねえど
今朝の七つに　しょくしょした
　どっこいしょ　しょんがえ

三、生姜ばたけの
真中ごろで
せきだくりゆちゅて⑫　だまされた
せきだくりゆちゅて　だまし　たが
いまはせきだの
さたもなか
　どっこいしょ　しょんがえ

（訳者註　めいざんは菓子の名）

十六日には地獄の釜も休むので、風呂も料理もしないという変った見方がある。二十一日は別の休みで、この日には先祖の霊が目的地に着くのである。この日に七夕は流されるが、百姓の中にはこれを案山子として田植えに立てるものもいる。二十六日は月見である。この時の月は三更の月と称されて有名である。月見だんごや、すすきが月に供えられる。

八　月　一日は「八朔の節句」でだんごがつくられる。この日のいわれは正確には知られていない。――稔りを祝うためとか「五節句」（実際はそうではないが）の一つにとかいわれている。十五日（「十五夜」または「十五夜さん」）は月見である。十四日の夜に「部落」の青年達は各家から集めた藁をもって集まり、大きな「わらじ」「足なか」や縄を編むのである。履き物はからげて一番近い荒神か地蔵のところにおかれる。縄が編み終ると、竜のように巻かれ、それに線香が刺される。子供達が周りに集まってお経のもじりをつぶやき、終ると綱曳きをする。勝った側は豊作になるといわれるが、実際はどっちの側にも勝敗はない。子供達は数時間も曳きまわり、大声をたてる。もし一方の側が強すぎると他の側にかわっていく。（時には部落の組織でなされることもある）[13]

この晩から月は次第に小さくなるが、これは竜に呑まれているためとの伝説がある。人類を救わんがために、このように竜に呑まれるとされる。[14]この晩、月の出が早ければ、小麦の種蒔きを早くせねばならぬし、おそければ、おくれて蒔かねばならない。すすきとお藷が月に供えられる。お藷は放屁をもらすが、沢山煮られ、行儀の正しい花嫁も食べる。

稔りの月の歌

十五夜晩に
ぼぼせんものは
先の世で
鬼が杵つく
アレ　きねつく[15]
ヨイヨイ

月末頃か、年により月始めに「蚕御供養」がなされる。蚕の霊を追悼するものであるが、同時に蚕の成育期がうまく終ったお祝いでもある。この行事は以前には各部落の祈禱師の一人(毛坊主)[16]が行うのが常であったが、今は二つの養蚕組合の各々の全員が学校に集まり、僧侶か神主によってとり行われる。式後宴会が催される。これは組合長が村民にふるまうもので、組合をひいきする紡績会社が費用を負担するものである。一九三六年は組合の全員が、この合同の式と会を開いた最初の年であった。

九　月　九日は昔の村社の祭日である。伊勢「講」を除いて十五日には須恵村には祭はない。もっとも球磨ではこのころには村社の祭りが多く、村の人は各村々の祭りに出かける。十六日は伊勢講があり、二十三日はあまり守られていないが月見である。

この月には村社で「諏訪さん」の祭りのあるのがしきたりである。現在は太陽暦の十月二十七日に行われている。[17] これは地方最大の祭りで、須恵村が「村」として営む唯一のものである。国旗が出され、作業はやらず、お宮にみんな参詣し、どの家でも赤飯がたかれる。昔は各家では大饗宴が開かれ、御馳走してお客が招待された。「つぼの」という汁がさと芋、こんにゃく、ごぼう、豆腐、海草でつくられ、午前は家族の者に午後は来客に出されたものである。今は唯少数の家でされるだけで、大抵はよく食膳に上る野菜と御飯を混ぜた「まぜめし」がつくられるにとどまる。午前はお宮で式があり、午後には神主の家で名士が招待されて宴会がある。一年中でも大きな宴会の一つである。祭りの前夜お宮で神主達の神楽があげられる。これは免田や多良木では八幡さんや祇園の御夜に為されるが、須恵村では唯一のものである。

この月には秋の彼岸が来る。(太陽暦では九月二十一日)深田の寺では説教があるが、須恵村の禅寺では特別の行事はない。球磨地方では彼岸の七日のあいだに「組」の項で述べたように(第四章)、三十三の観音「堂」の巡礼がなされる。黒肥地村には安産に特に霊験があるといわれている観音があり、彼岸の中日には附近の「村」からここに参詣に来る者が多い。それは薬師さんの日に上村の薬師に参詣に行くのと同じである。どの人も着飾り、若い人の楽しみになっている。この日は国の祭日で、村社では式がある。

彼岸の中日と終りの日には特に平山の人は「北嶽」の北嶽神村に参詣し、神主に焼酎を持っていく。彼岸は仏教上の行事で——日本特有なものであるが、北嶽は実は神社なのである。

二十五日は天神さんの日である。[18] 公式には新暦によって十月二十五日に変り、多良木でも覚井でもこの日に祭りがあり、「組」の組織で行われている。どの人も焼酎の代わりに十五銭ずつ寄附し、またお供えをするためにお宮に集まる。小さい稲荷神社では祈禱師が祈りをし、後で小さな宴会がある。村の女たちはなお旧暦の日にお宮に参詣し、焼酎を供え、それからお宮か個人の家かで宴会が催される。

十月　九、十、十一日は人吉の葵神社の祭りである。現在は新暦で行われ、球磨中から参詣にくる。十五、十六日は八幡様の日で、免田では現在は新暦による盛大な祭りがあり、休日である。須恵村から多く出かけ、お祭りは二日間続けられる。

十二日は多良木の恵美須祭りで新暦で行われ、須恵村の青年たちは祭りにいく。お宮には恵美須の木像があるが、神道のものとしては珍しい。こういう町の祭礼には相撲が行われ、附近の農村の青年の心をひいている。誰でも参加できる。観衆からはお金が投げ込まれるが、これは参加者に平等に分けられる。

十一月　七日か八日頃に「とりこし」がある。深田の寺から僧侶が「部落」のある家にきて、「部落」の昔の先祖をまつり、それから小さな宴会が開かれる。部落によっては（例えば覚井）行われていない。毎年違った家で行われるが「番帳」はない。十五日は昔の市房神社の祭りの日であり、前の晩に豆腐の田楽がつくられる。二十一日から二十八日は「御正忌」である。

十二月　十五日には「師走忘れ」の忘年会が催される。月末にかけて「部落」の消防夫によって夜警が行われるが、これは「組」組織で、三、四人ずつ毎晩夜番に出る。農家では年内に脱穀を終えるのに大わらわである。大晦日に正月用の餅がつかれる。真夜中に、寺では百八つの厄を払う年越しの鐘が鳴らされる。

年中行事の順序を図表にすると、太陽の周囲をめぐる地球の公転を示す円型の形と、地球のまわりを動く月の回転を示す波状の線の形において示される。（別表参照）一年を円として理解する考えは「丸一年」という日本人の観念に通ずるものである。

図表から村の生活の顕著なリズムが注意される。第一に、月の四面が休日によって画されている。満月期はもっとも重要な行事（盆、市房、旧正月）がある。朔月は正月をのぞいては大して重要でない（たろついたち及び他の多くの祭日は特別の意義はない）時である。上弦の月の時は前二者の中間（火祭り、

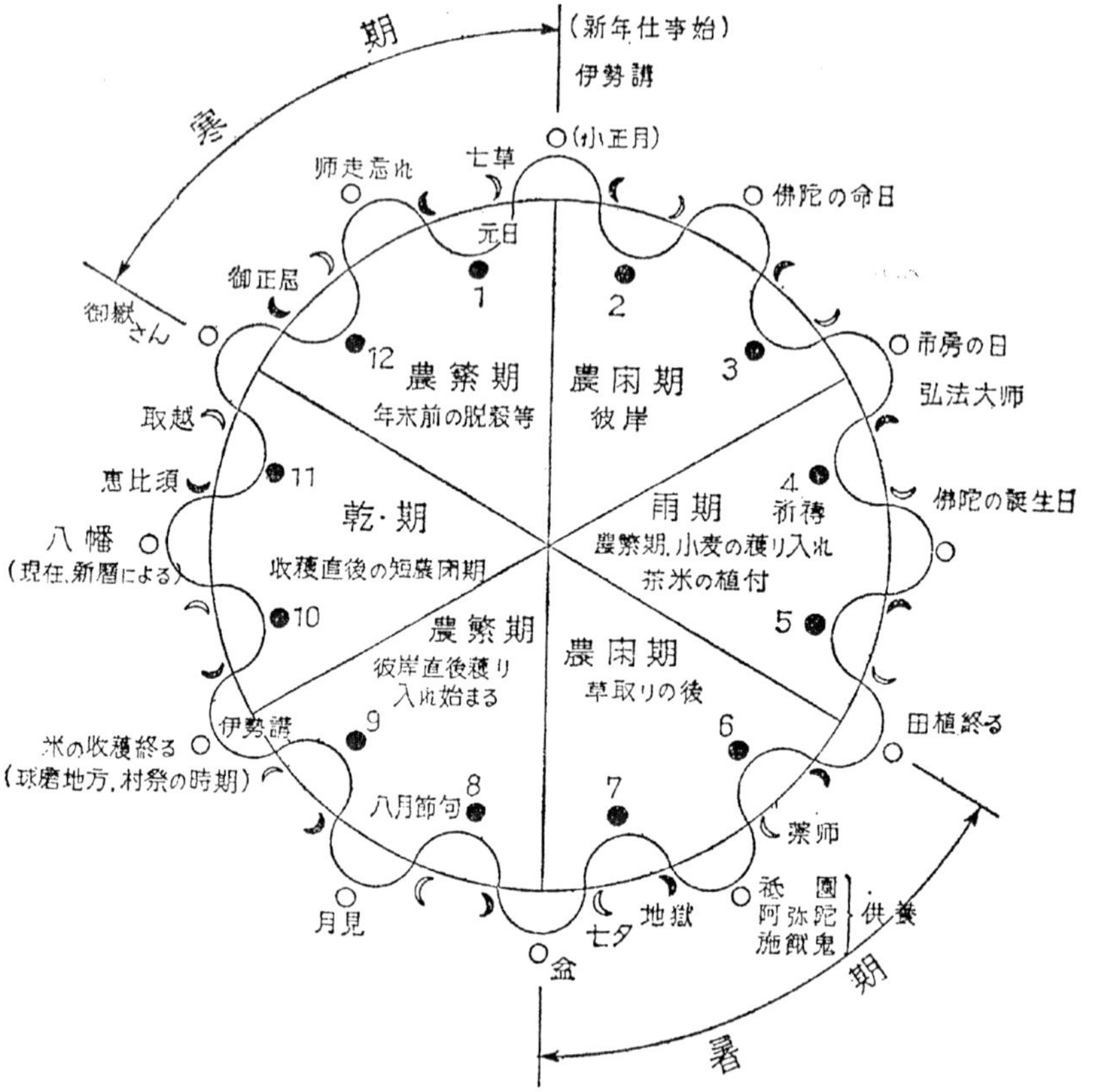

旧暦の年中行事図

● 朔
○ 満月
☾ 上弦月
☽ 下弦月

薬師、七夕、とりこし）に位置する。下弦の月は上弦の月ほど重要でない。（このことは七月八日と二十一日のそれぞれの祭日の間の対照にきわめてよく示されている）七夕では霊魂が、あの世からこの世への旅に出発する時には、誰でもお菓子をつくり七夕の竹笹をたてるが、魂が無事に帰って行った二十一日には、何の儀式もなされない。

もしも一年が、盆と一月十五日の新年仕事始めとに二分されるならば、他の二本の線で一ヶ年の円を六等分して描くことができる。市房の日（三月十五日）と「田楽」が作られる時（十一月十五日）との二つの相対応する月は、球磨の霊山たる市房に関係がある。また五月十五日と九月十五日との対応する月は、大体田植えの終りと穫り入れの終りとに関連している。

この陰暦の周期は次第に破られていっている。行事にはその意義を失いつつあるものがあり、新暦や新しい職業がこれを放棄し、たとえば村社の祭礼は今では新暦によって米の収穫が全く終らないさきにやってくるし、学校は陰暦をほとんど無視している。村民の意見は地方的集団の外から——学校や役場等からくるものが多い。それで一方では祭りの暦と農業の周期が積極的な関連を示しているが、村落共同体の意見はすべて、必ずしも全部が村の環境や生活手段に連関して説明され得るものとは限らない。

けれども種々の儀式に使用されることによって、その社会的価値を反映する積極的な価値を有するものがある。食糧の中の米の重要性についてはすでに述べた。——米の神の稲荷、穀物を無駄にしたり、捨てたりすると起る恐怖等、更に間接的には米から造られる酒、焼酎などはすべての神道の儀式に枢要な要素をなしている。竹、松、杉、いとひばなどきわめてよく使われる木々は、儀礼的な意義を持つ。常緑の竹は、たけの子となって、地上に現れるとすぐ農民にとって価値のあるものとなり、成長した竹は籠つくり、橋かけなどの多数の用途をもっている。松、杉、いとひばは建築用材であり、これらは常緑樹である。ことに松といとひばは長寿の象徴であり、桑の木材は特殊な価値をもちこれからつくられる茶椀は健康にいい道具といわれている。

風や雨の重要性は共同体に認められている。風が強く吹いたり、旱魃があれば収穫に大損害となる。それで風は一年に二度祭られ、水の神には河や井戸に供え物をしたり、滝のところで雨乞いをしたりする。

野良仕事にはどれほど手助けが必要なものかということが、「小正月」に人形を作ることによって示される。これと同じで、地方的な特殊職業の人はすべて何らかの特別な守護神をもっている。大工は聖徳太子に、運送屋の馬喰は馬頭観音に加護され、養蚕業者には、蚕の神が、店屋には、商売繁昌の恵美須や大黒がある。

仕事の多い月には祭日が少ないのが特徴である。つまり陰暦の四月はじめごろから五月の十五日までは麦の刈入れ、もみまき、田植えで忙しいし、また八、九月も収穫期で忙しい。のこりの時期の六、七月および十一、十二月には、いろいろ大きな祭りがある。この時期はまた何かの講の集会があり、休みには親類を訪問することが多い。年二回の彼岸の時期は、旧暦の数え方によって日に移動があるので、この図表には表われない。春の彼岸は、大体二月の農閑期に、秋の彼岸は、八月の収穫前の閑散な時期に当る。

これらの休日は、「組」の組織によって（薬師「堂」における薬師や、観音「堂」における観音のように）祭がいとなまれ、村民の協同や、贈り物のやりとりの形式を伴う。新年やお盆のように親類の者が訪問し合う休日には、贈り物と宴会とが平等に交換される。お盆の時のように、部落のものが一軒の家に集まるのは、贈り物に対する会合の型に従うものである。

グラーネットが古代中国についてつぎのように述べている。「祭りというものは社会生活の季節的リズムのテンポを画する大集会であり、それは短期間のうちに人々が共に会して社会生活が緊密となるものである。この時は、人がちりぢりにいて社会生活が実際に停頓する長い期間と交替になるものである」[19] 観音や地蔵のような全「部落」のお祭りは、部落の者が一緒に集まって愉快にすごす機会として役立つ。仕事を忘れて楽しみにひたる。正月やお盆の大休日には、親類がみなやってき、寄り合いをもつことによって互いに結ばれるのである。

お祭りはその公然の目的が（例えば部落から厄病を追い払わんとする祈禱どき、先祖を祭るお盆、薬師を祭る薬師の祭日が）何であろうと、常に実のところ、つぎのような二つの型のひとつである。「部落」が共に集合するか、または親類が共に会合するかである。このことは祭日が季節性によって行われる理由の一つであって、いわば仕事が無いひまな時と、重労働の終った時期とに当るわけである。

町の祭礼は、商人にとって商品を売るいい機会である。露店が神社や寺院の参詣道に沿って立ち並び、人々はまず詣でて賽銭をあげてから、これらの玩具を買い、うきうきした気持ちの群集の中に入っていくのである。

祭日を満月の時に選んだとしてもその理由はつまびらかでない。月は、名ばかり祭られるのはしばしばあるが、実際に祭られるのは八月十五日の一日である。人類を救うために、竜にのまれることを恐れなかった月の神話もある。田舎の生活にそくして満月はいつも注意され、きわめて印象的である。そういう理由のどれについても満月がどうして、重要な祭日に選ばれたかを要領よく説明するものではない。中国から太陰暦が伝来したのにつれてすべての風習が日本へ導入伝承されたように思われる。[20]

① Justus Doolittle, Social Life of the Chinese, II (New York, 1865) p. 14.

② 一六九二年 Kaempfer は、長崎そのほか彼が知っている各地では、各月の一、十五、二八日は休みであることを記している。

③ Marcel Granet (Festivals and Songs of Ancient China, New York, 1932) は中国でも満月は祭日として重要であると記している。

④ 以下の日付けはとくに示さないかぎりすべて旧暦による。

⑤ しかし十一月の明治節に菊の展覧会が開かれる。

⑥ どの祭にでも、小麦の菓子（だんご）がもっとも多く作られる。

⑦ 新暦の二月十七日の祈年祭は、豊作を祈るためのものである。以前は一月中旬に行われた。
⑧「堂」はすべての「組」の組織で世話される。——上手、川瀬、覚井の観音堂、今村の薬師堂、中島の阿弥陀堂、小さな二、三の神社も——たとえば覚井の天神も——このようにして世話をされている。だが地方的な稲荷の祈禱師もまたこの天神さんを世話している。それに明治以前は、それは禅寺のなかに祀られていたことを考えると、これは典型的に神社といえるものではない。
⑨ 鯉は滝を泳ぎのぼり、また死に面しても、のたうちまわることはない。力と大胆と勇気を象徴する。
⑩ 第四節参照。
⑪ 盆歌は昔は田植えや結婚式にも使われた。非常にゆっくりと歌われ、各母音は延ばされ、シラブルは繰り返される。例えば、おどられんは、おーど、おーどーらーれぬという風に。生姜は性的意味をもつものであろう。
⑫ せきだ（雪駄）は結婚のしるしに送られる。
⑬ 鹿児島に見られる同じ慣習を記述したものとしては H. B. Schwartz, op. cit., pp. 43～45. がある。
⑭ 同じ物語は一九三六年の日蝕の前に太陽についていわれた。
⑮ 杵について男根崇拝に基づく意味であることは歌い手によく知られている。
⑯ 本章第三節「仏教」の項参照。
⑰ ケンペルは九月九日は長崎地方の「諏訪さん」の祭日であると記述している。神道の項参照。
⑱ 天神様とは九世紀の著名な学者、即ち廷臣であった菅原道真を神に祀った名である。学問の守護神であり学童たちはこの神社に木を植える慣習がある。
⑲ 本章第一節を参照。
⑳ 中国から伝来した信仰であるが、日本の田舎では豚を食用にしたり、供え物にしたりしない。また陰陽に

おける中国の重要な組織や魔除け爆竹が無いのは注目に値する。なお著者の論文「日本農村における宗教の社会的機能」American Journal of Sociology. XLVII (September, 1941) pp. 184～89. に示された資料の分析を参照して欲しい。

第八章　須恵村の社会組織における外観上の変化

須恵村の構造が遭遇しつつあるところの変化を論ずるのに際して、社会の概念をば、単位としての個人についての諸関係の組織網であると考えておくことが望ましい。そうすれば共同体をその構成員から独立した実体をもつものとする誤謬を避けられるであろう。けれどもこの共同体乃至社会的関係をもつ個人の組織網というものは、機構自体が絶えず変化する諸要素（例えば出生・死亡・転入・転出によってもたらされる変化）よりは、一層恒常的な一貫している機構形態をもつものなのである。それで本章で取扱うのはこの機構形態に影響を及ぼす変動的諸関係である。

それにしても須恵村の社会に影響を及ぼす内的、外的な変化関係を論ずるよりさきに、まず現在あるがままのその社会について、簡単な摘要を与えていく方がいいようである。外的な経済的、社会的関係は近辺の町に対するものであり、また政治関係は村役場を通じて県庁との関係にある。「村」自体は政治的には公立の小学校、村役場、村社によって「村」に結合される「部落」と呼ばれる田舎家の集まりから作られているが、この社会の経済的基礎を構成しているのは水田の稲作である。農民のほかには一部落内にすべて居住する傾きのある商店の小さなグループがあるだけであり、これは明らかにこれまでも存在してきた。基本的社会機構は世帯と部落であり、稲作に基礎をおく基本的経済組織は、世帯内部と部落内の各世帯間の多くの協同や相互援助の協定のうえに成立っている。世帯間――その構成員が関係している――の協同は極めて著しくないとしても、やはり存在することは確かである。協同組織に関連して主としてこれの根底になるものは相互利益――贈り物や好意を受けるとか、もしくは仕事をしてもらえば、報酬を与えねばならぬ――という原則がある。世間外れの者は個人中心主義者か、やりとりのつきあいを守れないくらい貧乏な人である。重要な社会的制裁は協同作業を拒否したために加えられる。村落生活のどの部面にも見られる特徴は、すべての事に一年のうちに時期があるという季節の移り変わりである。共同体の信仰や祭祀は、「部落」と呼ばれている田舎の集団の農村生活の意味、地方経済に占める稲作の卓越的位置、それから季節の循環と季節的作業とを反映している。

須恵村の生活の基本形態は明らかに古風である。それは永い、そうして変化のある歴史を経過したものであり、少なくとも六世紀頃の中国文化の導入時代にまで遡られるものであろう。このような古くからの停滞性に関しての一つの理由は、きっと球磨地方が山また山に囲まれた生気のない谷間であり、常に主要な交通路から取り残されてきたことである。とはいうものの明治維新の感化や西洋文明の影響が存在して種々の変化が現われつつあって、斯様な変化が、「村」の内的関係と村への外的関係とに影響を与える。内的関係とは、村の中に存在している「部落」間、それから「部落」内の世帯間を結ぶ社会関係を意味し、外的関係とは村外の場所とか組織とか、例えば町や封建領主、または中央政府と村の人々の関係というような事である。変化そのものには政府に指示されるものと、そうでないものとの二つの型がある。

普通には社会的構造の変化は、ある程度まで時の流れに即して不可避的な、どうしても制御しようのない変化の結果として、またほかの異なった社会構造との接触の結果として起こる変化であると考えられる。しかも日本には制御された機構の変化という特殊事情がある。明治以前の時代を特徴づけている父系主義の態度を継続した政府は、日本の農村に影響を及ぼしている変化や西洋の感化を注意深く管理することに重点を置いていた。上からの指示に慣らされていた農民達は今日に至っても政府筋からのものは何もかも額面通り真正直に受けとってきた。いうまでもなく社会構造形態の一つの様相が変化すれば、他の様相にも必ず影響していくものであり、それが後ほど述べるように政府に指導されて着々顕著になった変化に加えて、また時としてこの変化の間接の結果として須恵村にさまざまの予期しない変化が起こったのである。

かつては「部落」の線がはっきりでていた。各部落はその長（ぬしどうり）と、その氏神をもって多少とも独立した生活をしていた。明治このかた「村」の単位が、部落的孤立を犠牲にして拡大してきた。支部長をもつ産業組合、村単位の「集団」、とくに学校はすべての部落に、以前よりもっと共通した各種の利害関係を与えて密接に「村」を結合してきた。部落内の労力交換や「組」のグループは、政府指導の諸変化にあってまさに崩壊しようとしている。それは同時につぎに注目されるような新しい経済勢力によって大いに影響を受けている。

村の住民の外的関係は、どちらかといえば、内的関係以上に大きく変化した。政治的には、外的関係は人吉の相良侯への政治的忠節から天皇に対する忠誠に変化し、それで地方的忠誠は国家的忠誠に置き換えられた。とはいうものの依然として住民のあいだにはなお球磨に対する強い愛郷の念が残っている。むかしの「五人組」は、組の各人の犯罪や負債に対して、領主に責任を負ったのであるが、これは明治になって沙汰やみになった。けれども現に三、四世帯でやる種々の種類の「組」は疑いもなく、こういう伝承様式をうけついだものであろう。ここに政治的外的関係は田舎のグループだけを残して消滅した例がある。すでに公的にではないが地方になお認められている郡に、ある意味で似ている。郡は公の機能は、「村」と県とのさらに中央集権化された政治単位に奪われたのであるが、依然として地方的に務めをなしているのである。

経済的要素もまた「村」の外的関係を変化せしめるのに重要である。これは機械の地方への進出に基づくところが大である。バス、鉄道や改修された県道ができて、人吉や他の遠隔地は須恵村にずっと近くなった。貨幣使用の増大が、機械依存を増大させたことは、当然の結果である。自転車で免田の町には数分で容易に行けるようになった。工場製品使用の大いに増加したことは免田に更に頻繁に行かねばならぬようになり、なおそのうえにこうして外出をするのに自転車を買うため、あるいは汽車で旅行をするのに切符を買うために、貨幣が必要となってくる。貨幣と機械との双方に依る外的関係の変化は、条件反射的に村の内的関係に影響する。部落の線が崩壊した他の理由は、工場製品に対して町への依存度が一般に大きくなったということである。

もとは封建領主と農民の間に「武士」があった。すべての農民は同じ地位にあり、部落民同志の関係にあった。明治このかた階級差別は喪失し、村は県庁に責を負う多少とも自治的な単位になった。貨幣と職業に基礎をおく新しい社会階級が、統一体としての「村」のうちに成長し、かつての地理的部落単位や武士階級・封建領主の支配階級に置き代った。この社会階級の漸移は、その過程において当然に新しい緊張と破壊的状態をもたらした。

日本の西洋文明の受入れ態勢に見られる顕著な要素は、政府が片田舎にまでこれを浸透させてきた統制形態である。封建的統制に代わる中央政府の統制の切換えは、国家主義の強調を結果した。はじめは百姓は米を作るだけで、農民も政府も愛国心のような難問題に悩むことがなかったが、現在では社会統制の有力な道具として国家主義は教育や徴兵に、また学校の講演に、愛国婦人会のような団体の奨励に、強調されている。天皇は国家のシンボルと見做され、この宣伝には国民の父として表われた。西洋思想は政府の是認する限度内で国民に与えられた。しかし政府の認可しない限りでは、国民は殆んど西洋思想を耳にすることは出来なかった。[①] こういう国家的団体や国立学校のような統制下の変化は、これまで述べてきたように「部落」の内的関係に影響を与えて、（イ）「村」の利益と、（ロ）国の利益とにおいて、一律に行為させるようにしたことである。統制下の変化は、地方農民の人格的並びに観念的両面の接触の範囲を拡大しながら、国の鉄道、徴兵、教育を通じて外的関係に影響に与えてきた。

政府の統制組織、たとえば学校、国家的団体、産業組合等が村へ進入して来ると、地方的諸形態は崩壊に傾いた。「ぬしどうり」それに「部落」の協同形態は、産業組合の支部長達によって置きかえられ、古い労働交換の組織に代って田植えの組合組織が生じた。同じく愛国婦人会が「部落」共済組合の機能を引き受けるように企てられた。貨幣や機械という統制されない要素も、部落の古い協同形態を破壊する役割を演じた。政府指導の新たな組合は、これらの弱体化した地方経済組織を強力な中央集権化された組織でもって置き換えんとする試みとみられたものもあった。

以前の武士階級は近代的徴兵制度に切り換えられた。ちょうど前代の社会階級が特別の服装で識別されていたように、新しい村単位の集団も、制服によって見分けられるということは、興味深いことである。予備兵や愛国婦人会員と同じように青年団の団員はすべて、会合の時には特別の制服を着るが、これは全団員を共通の地位におき、東京から派遣される役人の支配下におくものである。

旧式の当場主義の教育の施設は国家の学校組織に置きかえられ、西洋の知識と思想を完全な統制方法で田舎に導入する観念的道具として役立った。教育をうけた者の役割は、この点で重要であった。田植えの組合組織はその部落の退職教官によって作られ、いろいろの農業改革を村に導入したのは、帰村した大学卒業者であった。こういう二人は村全体に信用されていた。

政府の農業指導員は水田の裏作に冬麦を作る新しい方法によって、また養鶏その他の副業を奨励することによって農業生産を上昇させてきた。もともと冬はお祭りや宴会に身を入れる今日よりも一層閑散な時期であった。そのうえ政府は節約を奨励し、誕生日、結婚式、葬式等の行事に「虚栄」の出費を抑制させた。このことは会合をすべて画一的なものにするようになり、この政策がある程度は祭りの形式を省略する理由となった。次第に多種多様な祭りにも、主婦は家の神様に供える菓子を作ってから、平常通りに仕事に出かけるようになった。祭りや宴会が減少するにつれて必然お互いのやりとりも少なくなることになり、もう一つ別の要素が、密接に統合された社会単位としての「部落」の崩壊に加えられてきた。脱穀機の採用や農閑期の副業品の生産強化は社会生活のリズムの均等へのこの傾向をさらに強めてきたのである。

社会に生起するこれら指導された変化のほかに、予期もしていなかったが、政府統制の不可避的な結果である若干の変化が現われた。まず一例を挙げれば村民とは共通点のあまりない学校教師という特殊な階級が「村」における重要な地位をもつようになったことである。

西洋文明に対する日本の統制された受入れ方を中国のそれと対照すれば、胡適博士は次のように指摘している。中国では西洋の影響が非常に冗漫で、効果的な指導精神もなく、いかにも偶然的であって、その結果は時には激しく崩れさったこともあると。しかし彼は日本でもそれと同じ統制のない浸透がおこりつつあることを見逃している。というわけは徳川時代の末期頃にみられたように、貨幣と商人階級は、幕府が周到に建てた計画と全く別個に力を拡め増していたのである。現代の日本農村生活に著しく見出されるのはちょうどこの点――貨幣使用の増加につれて以前の社会構造に対する分解作用――である。

古い「村」の組織は、稲作に関する協同労働に基礎づけられていた。これに影響をおよぼすどのような変化も社会機構全体に重大な影響をもつのであった。貨幣が利用されるにつれて、協同労働はその影を失い、水田「部落」に対して、商店「部落」における共同組織の崩壊は、須恵村ではこの現象の好い例証を示すのである。水田部落でも富農は田植えに雇傭労働に頼っている。貨幣依存の増大は、近所の手助けよりも雇傭労働の利用を増大させている。面倒な価値の交換の厄介がはぶけるとともに、他方ではそれが近年まで農村生活に存在しなかった雇傭者及び被雇傭者の新しい階級を発生せしめているのである。

町の商人は祭が商業化すれば、これを通じて地方の村祭りの重要さを低下せしめるのに役立った。田畑では機械製品が自家製品に置き代りつつあり、機械器具は小さな「組」の組織――例えば藁縄を作る今では消えた組織――を破壊する傾向にある。貨幣と機械は多くの家内工業を工場製品に取替えて家庭経済にまた直接的な影響を与えてきている。貨幣の使用の増加によって、もたらされた変化の本質的性格は、貨幣を売買、つまり交換に便利な手段であるとみることから、貨幣をそれ自体において望ましいものにみることへの変化である。商店はすべてこの態度をもち、節欲第一主義の態度である。もう人々がこうなると百姓であっても、誠実に協同の作業をすることが出来なくなり、労働の交換と組との交代に基づく部落の密接な一致は破れてしまうのである。この様相から部落の社会形態の将来の変化の方向を恐らく示すのは第四章で述べた梨の果樹園の所有者であろう。彼は部落の境界に居住し、どちらの部落にも属せず、また酒を贈ったり村入りの会合に顔を出したりして、どちらの部落にでも容易に入ることができたのだが、実のところ、彼は離れていることを望んでいた。建ち前や葬式には援助も協力もしないし、またどういうものも受けとらない。彼が死ねば家族は人を雇って埋葬することになろう。これは通常の部落生活には思いもよらぬ処置である。実際問題として恐らく進んで彼を埋葬する者が出るであろう。たといそれを受ける資格が彼にはないとしても。彼が須恵村生れの者でないこと、「村」に親類がないことは重要なことである。

将来の変化の傾向を示すであろうもう一つの孤立の事例は、神道に属する家族である。もともとこの教派は天皇の祖先は神に遡るという信仰を通じての本復を特徴としている。この一派の家族は裕福であって平均以上によく貨幣を使用している。富者は部落の他のものから孤立するようになり、部落民どうしの協同や日常生活の贈り物のやりとりから生じる社会的価値をば失う傾きがある。このようにして家族は、恰もニューギニヤのオロカイバ人が或る社会的「喪失」②を償うために、「タロ」崇拝を取り上げたのと全く同じく、この教派の振興論者に変ったのはいかにも成程とうなずける。それで離反する経済的利害を伴った新しい経済グループの出現は、相互援助に基礎をおく部落の緊密な統合を弱めることになる。この部落統合の弱体化が、部落からの孤立を村の共通単位でもって置きかえたもう一つの要素である。だがもしも変化がながく続けば、「村」の単位や産業組合すらも、起こりそうな無機能状態を始末していけるかどうかは疑わしい。

遅ればせながら中央政府はかような危険に気付いた。その農業計画の一部は、産業組合を含めて、農村社会の均衡に対し、不安定であることを表示する社会機構の諸変化を避けるか打破することを判然と目標にした。それには国家主義と道徳手段に加えて、政府は経済的救済策を試みようとしている。それは経済危機に対し単に道徳的格言を指示したのにとどまる徳川幕府の忠告者よりも成功を収めたことは当然であろう。政府の救済策の一つは産業組合の穀物の販売と商品の購入の協同的行為や更に商品の協同生産の奨励は、実業界に問題を惹き起こし、実業家たちは国家的産業組合がその商品の生産と小売りの活動範囲の増大に対して、抗議していることは興味あることである。農民は肥料の政府生産を要求し、他方実業家は作業靴の政府生産に反対している。

「村」の独立主義を破ろうとする他の勢力がある。その一つは新聞である。影響するところは強大でないとしても、読者は一層広い視野が得られときには、互いにニュースを論じ合ったりする。が未だ大したことはない。③ 社会関係の変化の多くは印刷物よりもむしろ社会的接触によって到来された。学校でも、児童達の考えや行動に影響を与えるのは、書物よりもむしろ教師の影響である。

次に娯楽の新しい形態が「村」の外的関係に影響を及ぼしている。まだ時々の映画の外には、大して変わったことはない。青年には隣りの町の映画が魅力を増しつつあるからである。祭りは地方の市（いち）として宗教的儀式よりも、人々により興味をもたれるようになり、部落の集会はスケールは小さくなり、以前ほど開かれなくなった。

社会の無統制な変化の他の例は、用語範囲に於ける二、三の外国語とか仕事する時の洋服の使用である。だがそういう変化は村落共同体の構造様式にはほとんど影響していない。貨幣および機械の使用の増大と共に村機構の形態に於ける自然的な基礎的変化が起こったが、これと共に雇傭労働のために、地方の協同組織（「組」「かったり」等）の破壊をきたした。

「村」の内的外的関係に影響を及ぼしている変化の大部分は、相互依存である。米経済（rice-economy）から貨幣経済への変化は、機械使用の増大と協同形態の破壊をもたらした。社会階級は封建領主、「武士」、農民から、貨幣や新しい貨幣経済の結果である職業に基づく新しい諸階級に変わった。それが順次に部落の内的関係に相互に関連し、村単位を増大するのである。貨幣経済の自然的な拡大と、明治維新このかた東京に集約された中央の権威の成長がこの社会変化の関係要素である。米が卓越的な交換手段である限りは不可能である流動的交換も、もしないとすれば、政府の実権は是が非でも地方的封建領主の手に残されなければならなかった。貨幣や機械は一方で、ある旧い協同形態を破壊して、「部落」内に新しく対立しそうな資本と労働の団体を興しながら、村により大きな単位を与えているが、漸次村は国家経済力による共通の依存性にひき入れられるにつれて孤立性は少なくなりつつある。

須恵村の社会的機構形態に起りつつある変化は、要するに二つの種類がある。即ち、世帯・「組」・「部落」の内部関係に影響するものと、「村」や村の人の周囲即ち近くの町、人吉や郡全体および国家との外的関係に影響するものとである。この変化は、しだいに二つの型をとっていく。まず政府の指示に依るものと依らないものとである。前者の変化は学校、徴兵、産業組合及び種々の国家的団体等である。後者の顕著な要素は、米経済から貨幣経済への変化と、機械の使用増加の関連現象とである。

それにしてももう一つの問題がなお未解答のまま残されている。というのは須恵村で現在見られる変化は、統制されようが、されないにしても、どの程度まで西洋の影響の結果のものなのであるか。前時代の社会の自然的発展の結果が何処までであるのか。すでに明治以前に貨幣が使用され始められていたのを知っている。機械施設の導入、「武士」の廃止、及び他の諸変化は、その発展のコースを「変えた」というよりは、発展の本来の趨勢を単に「促進」したに過ぎなかったともいえる。西洋文明に感化された様相は、それが地方へ入って来たときに政府が成功裡に統制を進めたという事実そのものは、激烈な変化よりは、むしろ加速度の理論にいいような証拠である。実際一定の社会の型が他との接触――西洋文明――によって著しい変化を受け、しかもなお残存することは恐らくは不可能である。ポリネシヤの証拠がこのことを示すように思われる。これが残存するがためには二つの道が開かれているようである。出来る限り新秩序を排撃して、中国がなしているように常に成功はしないがほんのわずかずつであるが、それを受け入れるか、また西洋文化を統制された形で採用するか、の二つのうちどちらかである。日本は新文明を、注意深い政府の統制の下で、引き入れる道を熟慮しながら選んだ。全般的にいって、そして貨幣や機械のような統制されない要素にも拘らず、日本はとくに須恵村で論証されたように、この政策が地方で成功したのである。

① 「左傾するなかれ」という思想統制について書かれた優れた論文は、一九三六年九月の Fortune Magazine を参照せよ。

② F. E. Williams, Orokaiva Magic (Oxfood, 1928) を参照。

③ 須恵村での研究の進行中に、一九三六年二・二六事件の暗殺が起こった。たかだか数人の役場の吏員と学校の先生が、この事件を大いに論じていたが、村の多くの人にはさまで関心がないようなふりであった。

附録（一）

村の経済的基礎

村役場の集計による一九三三年の農業統計は次の通りである。

土地

村の面積　一、一三四平方里（東西二、五一〇米南北八、八二〇米）

官有林　三、六二〇反

村有地（林）　六四五反

村有地（林以外）　四二反

私有地｛有租地　六、九六一反
　　　　無租地　六反

農家

地主　三二
自小作　一一二
小作　七一
｝計　二一五

水田及び山地の面積

水田	一六五町	村民の所有
	八五町	不在地主の所有
山地	一一五町	村民の所有
	一五町	他地区の所有

作物の作付面積及び収穫

	面積(反)	収穫	金額(円)
米	二、六二〇	四、七三二石	九四一、七八三
麦	九六八	一、一〇五石	一二、五四八
粟	一〇七	二四〇石	一、二〇〇
甘藷	六〇	二四、〇〇〇貫	一、二〇〇
さといも	二三	一〇、一二〇貫	一、〇一二
大根	二三	一二、九六〇貫	六四八
茶	二〇	九八〇貫	一、九六〇
果物(柿栗桃)	一六	一、四七四貫	一、四九五
大豆	三〇	三〇石	二九〇
小豆	二五	二〇石	三六〇

菜種	二一	二七石	三五一
そば	一〇	二石	一八
その他	三八	七、〇〇五貫	一、四三九

養蚕

養蚕農家　一四四

桑園　二四四反

収穫の総計　五、二三二貫――二九、〇四〇円

家畜

	牛	馬	豚	鶏
農家数	六五	一五五	七	一三〇
家畜数	七〇	二〇五	一五	一、二一四
出産家畜数	一四	四	一〇	(卵)七九、一六〇

林業

林業従事者数　五

木材	一、三三七石	四一二円
木炭	一四、四〇〇貫	一、四四〇円

新	一〇五貫（?）	二四五円
きのこ	一、三三〇斤	二、一二四円
竹材その他		七一〇円
計		四、九三二円

漁業

主職者数	三	
副業者数	五一	
鯉・鰻・鱒	三、一一〇貫	七八三円
その他	五、七〇〇貫	五七〇円
計		一、三五三円

林業は大体山村の平山部落の人が営み、木炭は大部分人吉の町の一資本家に雇われて造られる。

須恵村には数軒の店屋と一部または大体農業に従事しない家がある。一九三三年の村役場の統計は次の通りである。

営業の型	世帯数	年取引高
焼酎	一	八、〇〇〇円
石切	四	一、三三一円

藁工品（副業）	二三三	一、六八〇円
豆腐	一〇	一、二〇五円
店屋（豆腐製造、タバコや塩の販売店を含む）	八	

宗教と祈禱

	人数	年収入
神社	一	二五四円
禅寺	一	八五円
稲荷祈禱師	二	三九円
荒神祈禱師	一	四六円
他の祈禱師	二（少なくとも）	八円

農家の負債

多くの農家は負債をもっている。若し幸運にも予期しない数百円が入手すれば、第一には負債の返済を希望している。負債の一因は生糸価格の高い好況期に、農民が新たに土地を買入れ、家屋を改築し、又はその他の消費財を買入れるが、これがしばしば借金によって為されるためである。生糸価格が急落すると農民は収入源が潰れ、どうにもならなくなる。日本では自ら破産を宣言し再興を計ることは容易でない。破産すればその社会的身分を失う。そこで社会的地位を保つためには常に負債の重荷の下に生きねばならない。

一九三六年須恵村では経済的再建が始まった。各部落の構成員はその負債を匿名で書きたてることが要望された。それは村役場が須恵村の財政の実状を知るためであった。ある農家は伝票に「非常に多い」と書いた。が大部分はいわれた通りに忠実に書いている。負債は取扱い難い問題で、示された金額も不正確であり、低く見積られていると思われる。

個人（仲買い人を含めて）からの負債	四〇、〇七九円
銀行からの負債	三七、一四五円
村の信用組合より	一一、四四三円
他の負債（多くは医療費）	一四、四〇四円
計	一〇三、〇七一円
一世帯当り平均	三六二円七〇銭

米とお金の講は、すでに受けたものは負債と考えられる。一定期間、お金を支払うべき金融上の義務にあるからである。

講　銀	四一、八四五円
米　講	一四一、五六二円

計	一八三、四〇七円
負債総計	〔二〇三、七〇一円 二八三、四〇七円〕
	二八六、四七八円
貸　方	
貸出又は貯蓄の金額	
対個人	三、九五九円
対銀行	一、二〇五円
対郵便貯金	三、八九五円
その他	一、九四三円
計	二二、七三九円
講（但し未だ当らないもの）	
講銀	一二、一三四円
米講	四〇、五五三円
計	五二、六六七円
合計	七五、四〇六円
純負債	

286, 478−75, 406＝211, 072円

世帯当りの平均　七四〇円六〇銭

村の財政金融事務は村役場と信用組合が取り扱っている。役場は税を徴集し、信用組合は農民から一〇銭以上の預金を預かる。信用組合は組合長および村長の認可に従って、組合員に数千円まで貸付けを拡張している。須恵村信用購買組合は一九二三年に設立された。

組合資本	六、七八〇円（但し一九三三年現在）
資　金	八〇九円
貸付利子率	一割二分乃至それ以下
預金利子率	八分乃至それ以下
貸付者人数	一四八
貸付額	二三、八七九円
預金者数	八一〇
預金額	八、六五四円

附録（二）

家計費

須恵村の家計費は単に一部にのみ貨幣が要る。味噌、漬物その他の食料品は大抵自家生産が出来、主食である米も家で作られるので、貨幣は塩や砂糖のような必需品にだけ用いられる。宴会用の海の魚も買われる。地方の店で買われる豆腐やその他のものは、貨幣の代わりに米で支払われているようである。奉公人の賃銀は米でなされ、屋根葺きやその他の賃銀も時には米で払われる。家屋の建築や田植のような協同作業には、貨幣支出は含まれない。貨幣は機具とか衣類を買うために、又村外の行商人から買う品物とか、又町で売っている品物を買うために要る。結局普通の農家の生活費の約五割は貨幣で、残りの五割は物品でなされる。近隣の町が商業中心地としての重要性を増大したことは、貨幣支出を増加せしめてきたわけである。非農家は米の全部又は一部を買わねばならぬので貨幣支払が一層多く、物品支払は少ない。富裕者は魚、酒及び教育費のために又貨幣による支払率はより高くなる。

次の表は富農（村長）と諸部落の数人の典型的農家及び覚井の店屋の家計費を簡略化したものである。村長の教育費の高いのは、長男が大学に行っており、次男は軍隊だが、娘が高等女学校に行っているためである。数字は農業指導員——部落の調査をする地区の産業組合支部の一員——の指導の下になされた調査から得たものである。それで部落の数字は他のそれよりは正確であろう。この調査の目的は各世帯の支出を減らし、生産の増加を計る経済更生のプログラムを始める前に、村の経済状態の素描を得ることである。

参　考　書

書　物

Anesaki, Masaharu. History of Japanese Religion. London : Kegan Paul, Trench, Trubner & Co., Ltd., 1930.

Aston, W. C. Shinto : The way of the Gods. London : Longmans, Green & Co., 1905.

Brinkley, F., Nanjo, F., and Iwasaki, Y. An Unabridged Japanese-English Dictionary. Tokyo : Sanseido, 1896.

Eliot, Sir Charles. Japanese Buddhism. London : Edwin Arnold, 1935.

Erskine, William H. Japanese Festival and Calender Lore. Tokyo : Kyo-Bun-Kwan, 1933.

Fei, Hsiao-Tung. Peasant Life in China. London : Routledge, 1939.

Fortune Magazine, September, 1936. Chicago : Time, Inc.

Freud, Sigmund. A General Introduction to Psychoanalysis. New York : Liveright, 1935.

Fukuzawa, Yukichi. The Autobiography of Fukuzawa Yukichi. Translated by Eiichi Kiyooka. Tokyo : Hokuseido, 1934.

Granet, Marcel. Festivals and Songs of Ancient China. New York : E. P. Dutton & Co., 1932.

Gray, John Henry, China : A History of the Laws, Manners, and Customs of the People. 2 vols. London : Macmillan & Co., Ltd., 1878.

Hearn, Lafcadio. Romance of the Milky Way. Boston : Houghton Mifflin, 1905.

Hozumi, Nobushige. Ancestor Worship and Japanese Law. Rev. ed. Tokyo : Maruzen, 1912.

Hu, Shih. The Chinese Renaissance. Chicago : University of Chicago Press, 1934.

Japan-Manchoukuo Year Book. Tokyo : Japan-Manchoukuo Year Book Co., 1938.

Jones, Thomas Elsa. "Mountain Folk of Japan : A Study in Method." Unpublished Ph. D. Dissertation, Columbia University, 1926.

Kaempfer, Engelbert. History of Japan. 2 vols. London: Published for the translator. 1727. A three-volume edition was published in London in 1926; page references in the text are to this edition.

Kulp, Daniel Harrison. Country Life in South China. New York: Bureau of Publications, Teachers, college, Columbia Univrsity, 1925.

Mitford, A. B. (Lord Redesdale). Tales of Old Japan. London: Macmillan & Co., Ltd., 1871.

Murasaki, Shikibu. The Tale of Genji. Translated from the Japanese by Arthur Waley. London: Alen & Unwin, 1935.

Nasu, Shiroshi (Director of Research). The Village of Shonai. Tokyo; Department of Agriculture, Tokyo Imperial University, 1935. (In Japanese.)

Nitobe, Inazo (ed.) Western Influences in Modern Japan. Chicago: University of Chicago Press, 1931.

Redfield, Robert. Chan Kom: A Maya Village. Washington; Cernegie Institution, 1934.

Rein, J. J. Japan. 2 vols. New York: A. C. Armstorng & Son, 18 88~89.

Sansom, G. B. Japan: A Short Cultural History. New York: Century Co., 1931.

Schwartz, Henry B. In Togo's Country. Cincinnati: Jennings & Graham, 1908.

Suzuki, Eitaro. A Plan for a Rural Sociological Survey in Japan. ("Research Bulletin of the Gifu Imperial College of Agriculture", No. 19.) Gifu, Japan, 1931.

Watanabe, Yoichiro (Director of Research). Investigation of Farm Villages, Especially How Farmers Use Their Labor. (Report No. 1 on field work in Yoshihara Mura, Kyoto Prefecture.) Kyoto: Department of Agriculture, Kyoto Imperial University, 1932. (In Japanese.)

——Farm Village Investigation. (Report No. 1 on field work in Kangamiyama Mura, Shiga Prefecture.) Kyoto: Department of Agriculture, Kyoto Imperial University, 1933. (In Japanese.)

Williams, F. E. Orokaiva Magic. Oxford: Oxford University Press, 1928.

Yosoburo, Takekoshi. Economic Aspects of the History of the Civilization of Japan. 3. vols. New York: Macmillan Co., 1930.

論　文

Asakawa, K. "Notes on Village Government in Japan after 1600," Journal of the American Oriental Society, XXX, Part III (1910), 259～300; ibid., XXXI, Part II (1911) 151～216.

Buchanan, D. C. "Inari," Transactions of the Asiatic Society of Japan, Vol. XII (2d ser.; 1935).

Scott, Robertson. The Foundation of Japan. London: Murray, 1922.

EMBREE, John F. "Notes on the Indian God Gavagriva (Godzu Tenno) in Contemporary Japan," Journal of the American Oriental Society, LIX (1939), 67～70.

Florenz, Karl. "Ancient Japanese Rituals, Part IV," Transactions of the Asiatic Society of Japan, XXVII, Part I (1900), 1～112.

Hall, Robert Burnett. "Some Rural Settlement Forms in Japan," Geographical Review, XXI, No. 1 (1931), 93～123.

Jones, Idwal. "Miss Mori" (a story); American Mercury Magazine, XXVIII (1933), 466～74.

Katō, Genchi. "Japanese Phallicism," Transactions of the Asiatic Society of Japan, Vol. I (suppl.) (2d ser.; 1924).

Koizumi, Koichi. "On the Custom Called Yuhi, as a Type of Labour System in Agricultural Villages," Report of Imperial Agricultural Association, Vol. XXV, Nos. 8～10 (1935). (In Japanese).

Radcliffe-Brown, A. R. "On the Concept of Function in Social Science," American Anthropologist, XXXVII (1935), 384～402.

Satow, E. M. "Ancient apanese Rituals" (Parts I～III), Transactions of the Asiatic Society of Japan, VII (1879), 95～126, ibid., IX (1881), 183～211.

Simmons, D. B., and Wigmore, J. H. "Notes on Land Tenure and Local Institutions in Old Japan," Transactions of the Asiatic Society of Japan. XIX (1891), 37～270.

Takikawa, Masajiro. "Law, Japanese," Encyclopedia of the Social Sciences, IX, 254~57. New York : Macmillan Co., 1933.

エンブリー博士とその業績（訳者）

本書の著者ジョン・エンブリー John F. Embree は、エール大学教授として、同大学の東南アジア研究の主要な活躍者のひとりであった。本書 Suye Mura, A Japanese Village. 1939. はその大規模な社会実態調査をまとめたものである。

著者エンブリーについては「民族学研究」第一七巻第二号（一九五三）に東京大学教授山本達郎博士の手際のいい次のような紹介がある。数年前、山本教授が渡米されたとき、エール大学の大学院研究室を訪ねられ、また教授婦人の招待で同氏の宅をも訪ねられた記事があり、その末尾にエンブリーのキャリアの一端を述べていられる。

「エンブリー教授は社会学者、Edwin Rogers Embree 博士を父として、一九〇八年 New Haven Coun. に生まれ、A. B. をハワイ大学で M. A. をトロント大学で（一九三四）Ph. D. をシカゴ大学で得た（一九三七）。一九三七年から一九四一年まで、ハワイ大学の講師・助教授を勤め、戦時中は軍関係の仕事に動員されて四三年から四五年まではシカゴ大学の Civil Affairs Training School にあり、ついでハワイ大学の Associate Professor（一九四五〜四七）、Culture Affairs Officer in Thailand and Indonesia（一九四七〜四八）を勤め、転じてエール大学の社会学 Associate Professor（一九四八）となった。同氏ははじめ日本研究に主力を注ぎ、ついで東南アジア半島の研究に移った。

日本および東南アジアに関する著書論文が非常に多く、とくに最近は東南アジア研究の重要な中心人物として活躍していた。いま日本に関する論著をあげるならば、次のようなものがある。

BIBLIOGRAPHY OF JOHN F. EMBREE

Suye Mura, A Japanese Village. Chicago, University of Chicago Press, 1939, 354 pp.

Notes on the Indian God Gavagriva (Godzu Tenno) in Comtemporary Japan. Journal of the American Oriental Society, v. 59, No. I (1939)

Some Social Function of Religion in Rural Japan. Amer. J. of Sociology, v. 47 (1941)

The Eta. Office of Strategic Services. 1942.

The Japanese. Washington, Smithonian Institution, 1943.

Japanese Peasant Songs. Philadelphia, American Folklore Society, 1944.

Sanitation and Health in a Japanese Village, Journal of the Washington Academy of Sciences. v. 34, No. IV (1944)

Japanese Food Habits and Dietary, in Civil Affairs Guide, Far Eastern Nutritional Relief. (1944)

Japanese Administration at the Local Level. Applied Anthropology, v. 3, No., IV (1944)

Gokkanosho. A Remoto Corner of Japan The Scientific Monthly, v. 59 (1944)

The Japanese Nation. A Social Survey. (1945) 308 pp.

NISHIKIORI, Hideo, Togo Mura, A Village in Northern Japan. Institute of Pacific Relations. (1945)

Standardized Error and Japanese Character. A note on Political Interpretation. World Politics, v.2, No. III (1950)

Japan—Ethnology for Encyclopedia Americana. (1950)

博士夫妻はこの調査前にも数回、日本に滞在したことがあり、本調査は一九三五年八月から三六年十二月の一年余りにわたって続けられ、このうち一九三五年十一月から翌年同月まで、調査地の熊本県球磨郡の須恵村に居住した。山本教授が訪問された際も、夫人は日本製の紅茶、陶器、それに須恵村調査のときの鉄瓶を使っておられたという。また数年前にも夫人が来朝され、かつての夫妻共同で進められた須恵村の調査を偲ばれたとのことであり、「須恵村」は著者たちには、正に血のかよった調査地であった。このような実態調査はシカゴ大学社会学科が行う東アジアの社会類型の大規模な調査の一環をなすもので、シカゴ大学民族学叢書の一冊におさめられている。

遺憾なことに著者は一九五〇年の暮、クリスマスの買い物に出かけた途中、自動車事故でなくなった。次号の「民族学研究」には「須恵村の研究で我が学界に親しまれているエンブリー博士の死」と報じられた。

博士の業績については、いわゆる機能主義の集団的調査の方法を、歴史的高度文化の地域にとりいれたもので、堀喜望氏によれば、本書はマリノウスキーの序文をもつ費孝通の中国農村の家族組織の研究と共に、その代表ということが出来るとしていられる。即ち「現在の地域社会の協同の中において、社会的階層の人間関係に注意するとともに、この関係が近代的産業制度の発達のあいだに生みだす緊張、背反、挫折の事実を指摘し、現代社会の問題をとりあげるのに、却って未開社会の研究方法が透徹した客観的な手続きを提供した」と述べられている(同氏「文化人類学」三二七頁、一九五四年)。この方法論はなお問題をもつものであろうが、地域社会の実態的把握の方法が巧みに示された点において注意されるものということができる。

訳者あとがき

本書は John F. Embree, Suye Mura, A Japanese Village, Black star Publishing Co., New York, 1939. の飜訳である。その後一九四六年に英国からも出版されている。文中の「　」は原書にローマ字でイタリックに書かれたものを示す。しかし意味が明瞭であり、頻発するところでは省略した場合もある。また原書では索引のほか注に日本人以外の読者のためになされた解説をなしているが、若干を除いて日本の読者には、全く不要と思われるものは省略した。一九五〇年に第五版がでた。見返しの地図は訳者が追加した。

本書は米国の社会人類学の権威であるエンブリー博士夫妻が、日本の農村の須恵村に一年間も住みこんで自ら実態調査したモノグラフであり、日本のコンミュニティとその構造および変化の在り方を究明した名著といわれるものである。たとえば今西錦司博士は、その著「村と人間」の序において、本書をあげ、これは「インテンシヴ・メソッドを用いて日本の農村をとりあげた最初の労作である」とせられ、村落社会の全貌をつかもうとする本書は、「特殊問題と取りくんだ農村調査に対して一村の全体を伝えるという点でスエ村の向うを張るものは極めて僅かしかない」と称讃されている。

地域社会の実態調査が活発な現在、本書のような村というコンミュニティの把握を、ひとびとの連帯的な生活意識や体験に基づいて、日常生活とその相互関係の社会的な生活様式とその変遷を述べ、とくにその封鎖的、自給的、身分的な部落を基盤とする共同社会の生活と、これに対する開放的、貨幣経済的、契約的な都市化傾向への推移という歴史的過程において、しかも新しい文明の滲透から日本の伝統的な要素がなおも守りつづけられているとして、日本文明について鋭い感覚をもって述べられていることは興味深い。もちろん現在のわれわれは、調査が行われた一九三五年ごろの時代的、社会的制約のあることは認めねばならないが、全体として客観的であり、ことに外国人としておちいり易い偏見が少しもないことは注意される。それどころか外国人が誰も試みなかったわが国の農村の地域社会の生活を、その専門の立場から実態調査した業績は高く評価される。

村落社会について、その本質的構造としての部落において巧みに地域類型的に把握していて、水田型、商業型および山村型に分類して分析し、その辿るべき複雑な過程を具体的に究明している。それは一つの村を研究の対象とするが、稲作を中心とする日本の村の全体の重大問題でなければならない。

エンブリーによって表現された日本の村落社会という鏡に写された実態の姿は、その写され方を通じて、われわれが自らの認識を深めることになれば、邦訳の意味も存在するわけである。なお本書が書かれたその後の須恵村については、戦後に他の数ヶ村の調査も加えた The Japanese Village in Transition, No. 136, Tokyo. 1950 がある。

わが国にかなり反響をよんだルース・ベネディクトの「菊と刀」は、日本についてアメリカ人の述べた著名な文献の一つである。日本に来ないで、日本の資料を蒐集して為されたが、主要な点で本書がその貴重な基礎をなしたことは、「菊と刀」の序文に記されている通りである。一方は菊の優美と刀の殺伐を保有する日本人を、他方は村の社会生活を直接の対象としているのであるが。

本書は、初め今から二十数年前に関書院から一度邦訳したが、その後に至ってもたびたび本訳書について私のもとに問い合わせが絶えない。またわが国では地域社会について地理学、社会学のほか民俗学、文化人類学が大いに発達・普及し、これらの方面からも本書が注目されているようである。それでこの際は訳語について相当に改め、名著といわれる原書の流麗な文章の味をできるだけ表わすように努め、また読み易いように心がけた。さらに訳者注も若干つけ加えることにした。

なお京大の学生時代から、初めの本書についてもその他数々の懇切な御指導をいただいた阪大名誉教授の宮本又次先生には、古稀を過ぎられてなお元気でいられることは誠に嬉しい限りである。また十年前にハワイ大学を訪ねて故エンブリー教授のエラ夫人にお会いできて、須恵村の調査のときの苦労話をきけたことも楽しい思い出である。最後に、本書の出版については日本経済評論社編集部の谷口京延氏には数々の御世話をいただいた。厚く謝意を表する次第である。

昭和五十三年八月二十四日

富山大学経済地理学・経営史研究室　植村元覚

索　引

*印は表の項目を示す

[か]

[き]

[く]

[た]

[ち]

[つ]

[て]

[と]

[も]

[や]

[ゆ]

[よ]

[ら]

[り]

【訳者紹介】

植村元覚（うえむらもとかく）

1. 旧制富山高校を経て京大経済学部および同文学部史学科地理専攻卒業
2. 神宮皇学館大学予科，富山高校各教授を経て現在富山大学経済学部教授
3. 「大阪市東区史経済篇」，「北陸銀行十年史」および富山大日本海経済研究所史料集「麻問屋神田家勘定帳」編纂。グラース「経営史」翻訳。「人文地理学」（共著），「農地改革後の農地移動」，「行商圏と領域経済――富山売薬業史の研究」等。

日本の村―須恵村

昭和53年10月5日　第1刷発行

検印省略

訳者　植村元覚
発行者　引地正
印刷所　文昇堂印刷所

発行所　（株）日本経済評論社

〒101 東京都千代田区神田神保町3の2
電話 03-230-1661(代)振替東京3-157198

日本の村—須恵村（オンデマンド版）

Digital Publishing

2005年4月5日　発行

訳　者　　植村　元覚
発行者　　栗原　哲也
発行所　　株式会社　日本経済評論社
〒101-0051　東京都千代田区神田神保町3-2
電話　03-3230-1661　FAX　03-3265-2993
E-mail: nikkeihy@js7.so-net.ne.jp
URL: http://www.nikkeihyo.co.jp/
印刷・製本　　株式会社　デジタルパブリッシングサービス
URL: http://www.d-pub.co.jp/

AC613

乱丁落丁はお取替えいたします。

Printed in Japan
ISBN4-8188-1640-X

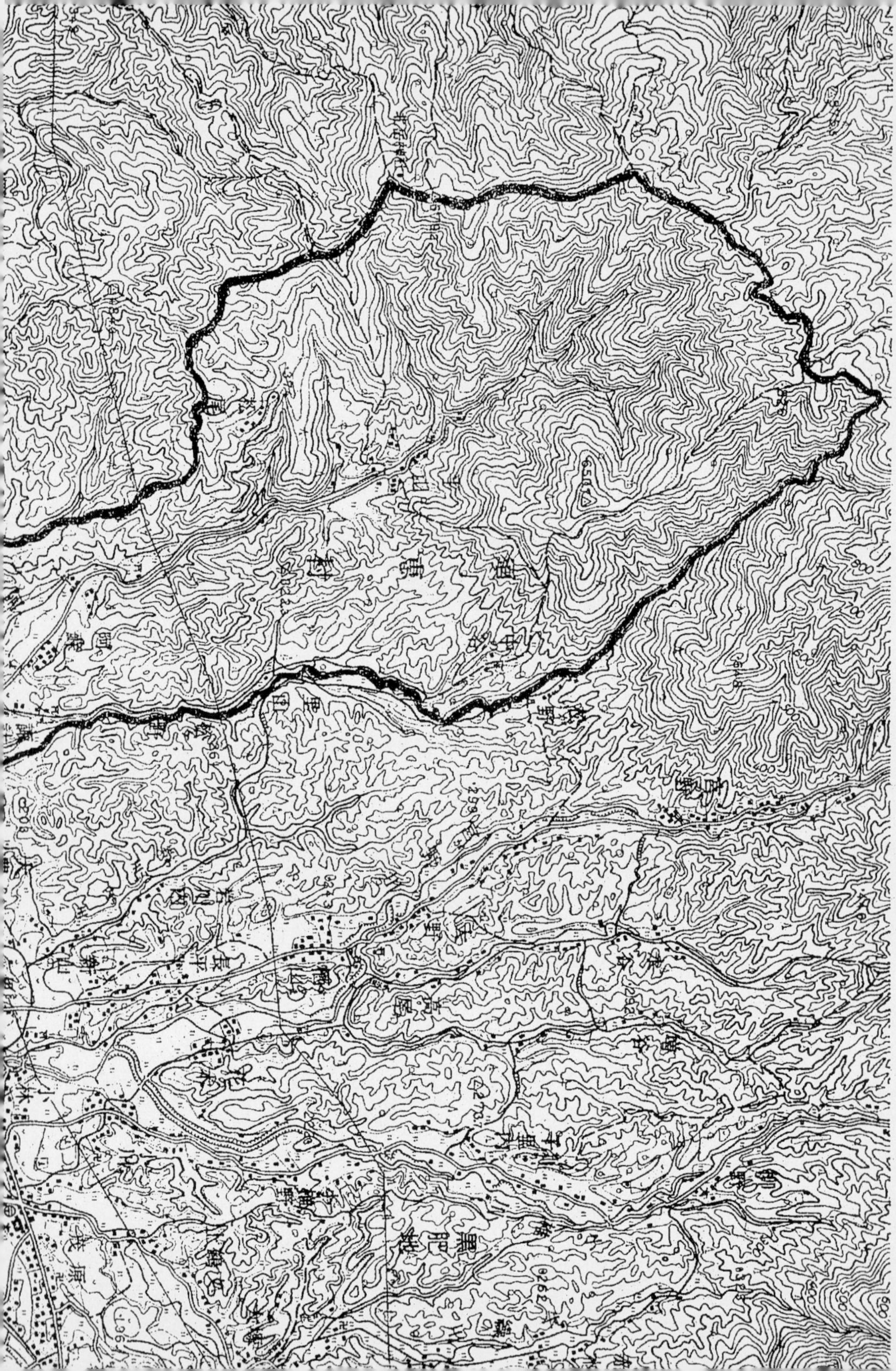